我们一起解决问题

用户增长实战笔记

腾讯、滴滴、字节跳动这样做

金磊 著

人民邮电出版社

北京

图书在版编目（CIP）数据

用户增长实战笔记：腾讯、滴滴、字节跳动这样做 / 金磊著. -- 北京：人民邮电出版社，2020.10（2023.9重印）
ISBN 978-7-115-54800-9

Ⅰ. ①用… Ⅱ. ①金… Ⅲ. ①企业管理－营销战略－研究 Ⅳ. ①F274

中国版本图书馆CIP数据核字（2020）第167756号

内 容 提 要

随着流量红利的消失，我国互联网用户规模见顶，用户获取、留存及商业收入等指标的提升面临巨大挑战，用户增长工作被越来越多的互联网企业重视。那么，用户增长工作应该怎样更高效地开展呢？

本书作者总结了其在滴滴、腾讯等知名企业的实战经验，用流畅的语言与读者分享，娓娓道来。首先，本书明确了用户增长的动力在于提升用户价值，简要介绍了用户增长的核心工作内容，以及快速开展用户增长工作的具体方法和案例；其次，本书系统地介绍了用户增长中核心的内容——实验方法，用户增长所依赖的效率工具搭建思路，用户增长相关的算法模型，以及实战中的用户增长团队工作方法；最后，本书介绍了我国部分一线互联网企业和自媒体的增长现状，并整理了实战的通用经验。总之，本书内容丰富，能够为读者提供别具一格的实战指导。

本书适合与用户增长相关的企业或产品决策者、产品经理、产品运营、分析师及市场营销人员阅读，也可供高等院校相关专业的师生参考。

◆ 著 金 磊
责任编辑 张国才
责任印制 彭志环

◆ 人民邮电出版社出版发行　北京市丰台区成寿寺路11号
邮编 100164　电子邮件 315@ptpress.com.cn
网址 https://www.ptpress.com.cn
涿州市般润文化传播有限公司印刷

◆ 开本：700×1000　1/16
印张：14.5　　　　　　2020年10月第1版
字数：150千字　　　　2023年9月河北第8次印刷

定价：69.00元

读者服务热线：(010)81055656　印装质量热线：(010)81055316
反盗版热线：(010)81055315
广告经营许可证：京东市监广登字20170147号

专家赞誉

增长在互联网领域一直是持续演化的，提炼一套清晰、普适和实用性强的方法论不太容易。本书不仅讲述了增长的体系和方法，而且分享了作者多年的互联网从业实战经验，内容涉及数据驱动的核心方法和工具，也阐述了具体的工作方法。本书非常适合即将入行的增长从业人员阅读。对于有多年增长工作经验的人员来说，阅读这本书也能获益匪浅。

——李 奘 前滴滴增长策略负责人、杰出算法工程师

增长是一件知易行难的事情，没有实操过的人阅读相关模型会觉得增长理论非常容易，而实操过的人都深知每个增量显著的正向实验有多么不容易。作者将自己工作实战中遇到的具体问题和解决方案总结为宝贵的经验，非常适合从事用户增长的产品和运营人员参考。可以说，这是一本难得的增长操盘工具书。

——刘 佳 腾讯看点增长中心总监

增长是一个实践课题，如今业内没有达成共识的方法论，而且面向的用户、场景、业务也都有差异。学习增长最好的方法是在大量的实际案例中体会和总结。金磊的《用户增长实战笔记》就是如此，这本书以大量的真实案例为依据，论述了他对增长的理解，读罢令人受益良多。

——刘 飞 阿里巴巴高级产品专家、前滴滴司机产品负责人
《产品思维》《从点子到产品》作者

我看到《用户增长实战笔记》时非常开心，广大的一线增长实践人员太需要这样一本既有方法论又有丰富的实操经验的增长图书了。

目前增长类的图书主要有两种：一种是比较泛泛而论的增长框架，如以AARRR等模型为核心的增长图书；另一种是以自己产品的增长实践为核心的图书，但这一类往往又过于个例化，没有进行方法论的抽象，无法被很好地复用和借鉴。

金磊的这本书从产品的本质出发，通过数据的路径、实验的方法来系统阐述增长，又有很多落地实践与可操作的案例和经验可以借鉴。例如，"增长算法"这一章系统总结了常见的5种增长方法，很好地沉淀了具有通用性的增长方法论。

同时，本书另一个重要的价值是阐述了关于AB实验的核心原理和一些常见的问题。在实践中，我们发现很多人对AB实验的核心原理比较陌生，因为涉及一些专业的统计学知识。实验结果是决策的依据，但是实验过程的合理性对结果的影响很大，对实验结果的分析解读又至关重要。理解这些核心原理和基本概念，能帮助我们更科学地分析和决策。本书对其中最核心也最容易出错的一些环节做了非常好的阐述，既有理论高度，也有实践参考，如SRM问题、正交分层等。可以说，本书做到了深入浅出，值得每一位从事用户增长工作的人员阅读。

——刘玉凤　腾讯新闻用户增长高级产品经理

在互联网用户规模触顶的今天，用户增长是产品经理都需要面对的一个重要课题，人人都是产品经理社区及起点学院也在持续关注用户增长的相关内容。作者在人人都是产品经理社区发布了多篇与用户增长实战相关的文章，均收录于书内，并做了系统化的补充和延伸。本书理论和案例并重，值得一看。

——老曹（曹成明）　人人都是产品经理、起点学院创办人

金磊老师的这本新书对我国互联网大厂中App的常见增长案例做了系统分析与解读，用经济学的视角帮助读者判断什么样的增长符合用户价值和商业模式。如何设计实验、防止踩坑、科学评估实验结果等具体的实战问题，都在本书中得到一一解答。可以说，本书能够为从事用户增长工作的人员在增长实战中少走弯路提供有效指导！

——李博文　用户增长产品经理、公众号读者

推荐序

增长是一件极具魅力的事情

2016年,"增长"这个概念和方法论在我国互联网领域还处于普及的早期阶段,"数据驱动增长"理念也没有像今天一样遍地开花,成为一种普遍共识——企业高效增长的必备能力。当时,GrowingIO 刚创业不久,还是一家年轻的公司,金磊便加入了我们,和我们一起践行 GrowingIO 的使命,生产快捷易用的数据产品,帮助我国更多企业提升数据驱动增长的能力,实现更好、更高效的增长。

彼时的行业和公司都还处在早期,能毅然选择加入我们的小伙伴,都是非常有魄力、有远见、认可"数据驱动增长"、受使命驱动的一群人。无论何时,我都非常感谢他们的信任、佩服他们的选择和激情。

四年后再看到这本书,看到金磊在腾讯、滴滴这些平台探索和实践增长这件事,我非常为他高兴。我看到了他的飞速成长,他对增长体系的认知不断完善和丰富,这本书展示了他优秀的学习力和增长能力。

这也是仅仅五六年的时间,"数据驱动增长"这件事从星星之火到燎原的核心原因之一。一开始我主要看到 GrowingIO 在传播,然后越来越多优秀的产品经理、运营、市场、高管同仁们在默默地实践和努力,并将他们实践的心得、体会和思考书写成文,集结成书,相互传递"增长"的薪火。

现在大部分互联网企业已经把"数据驱动增长"作为企业高效发展的必备能

力之一,尤其像腾讯、字节跳动、滴滴这样的大厂在不断加大投入,提升增长能力认知、招聘增长人才、搭建增长团队、构建数据驱动增长体系。这股"数据驱动增长"的能量也开始从互联网领域跨界到传统行业。从今年开始,很多传统行业的巨无霸企业也开始尝试用这套方法论梳理自己的业务,探索更多直连用户、数据驱动的价值。

这本书对用户增长、数据驱动的理解和解读已经非常体系化,超出了产品经理、运营的职责本身。它不仅讲述了用户增长的内容、业务指标拆解、策略优化,还深入阐述了用户需求的洞察,并延伸到经济学甚至哲学的层面。这也是"数据驱动增长"的魅力所在,增长本身就是这样一件科学与艺术结合的事情。我喜欢用拧魔方来比喻"增长"这件事,它既有复杂而系统的规则、体系和算法,又需要依靠人的无尽的想象力和创造力。

我相信,未来"数据驱动增长"会更加重要,会对业务产生更大的影响和价值,场景、数据、算法、算力等缺一不可,高级的数据智能一定会发挥超乎想象的作用。

我也希望,未来有更多像金磊一样优秀的年轻人加入这个行业,利用数据无尽的价值,一边发挥自己的创造力和想象力,一边躬身实践,像拥有魔法棒一样玩转增长魔方,实现自己的价值;也帮助企业创造更多的价值,让商业和人类生活都更加美好。

GrowingIO 创始人兼 CEO

Data Science Central 评选其为"世界前十位前沿数据科学家"

曾任 LinkedIn 美国商业分析部高级总监

《首席增长官:如何用数据驱动增长》一书作者

自 序

随着流量红利的逐渐消失，我国互联网用户规模于2019年4月前后接近触顶，用户的获取、留存及商业收入等指标的提升面临巨大挑战。在这种情况下，用户增长工作被赋予了重要的使命，越来越多的潜在从业者有兴趣投入其中。笔者有幸亲历了我国互联网企业近6年来由传统用户运营向用户增长（强调实验和数据驱动方法）转变的历程，先后在奇虎360某千万级DAU产品负责用户增长产品、在GrowingIO负责移动端数据产品、在滴滴智能出行部负责增长效率工具、在腾讯某增长团队负责实验平台和增长策略。可以说，在用户增长的转变大潮中，笔者积累了全面而丰富的实战经验。

近一两年，用户增长的概念日趋火热，逐步从互联网行业扩展到了传统行业；不仅用户增长团队和岗位逐步成为企业标配，而且各类相关图书也畅销起来。基于多年一线互联网企业的实战经验，笔者发现市面上的用户增长类图书仍存在一些缺失。

首先，目前的图书或文章多数还是硅谷增长黑客理论的延续，存在两方面不足。一方面，抽象的增长方法论有很多，但缺少真正的实战经验，几乎没有系统谈及如何切入用户增长工作，策略需要如何形成，又需要如何落地，所以实操起来参考意义有限。另一方面，过于强调增长黑客的技巧和一些陈旧的案例。笔者在增长实战中发现全局视野非常关键，数据驱动和产品思维需要兼顾。

其次，现有的图书中几乎没有系统谈及增长的核心之———实验方法，包括实验的设计、下发、分析、决策等实战中的核心环节和重点问题。目前的增长从业者多数是传统产品经理或产品运营,普遍缺少与实验相关的认知和经验。因此,实验方法的相关内容,如实验设计、实验分析等亟待系统补充。

此外,用户增长是一个系统工程,需要实验配置、任务下发、效果回收、策略反馈等效率工具。迫于不断提升的用户增长难度,借助工具提升效率,实现用户增长的规模化、自动化,对于持续获得大规模用户增长尤为关键。但是,市面上与增长相关的图书几乎没有提供这方面的内容和思路。

因此,笔者整理了多年来的实战经验和最新认知,供对用户增长工作感兴趣的读者朋友参考。本书阐述了以下三个关键观点。

其一,用户增长需要全局视野。即需要以用户价值为基础,从宏观趋势中洞察和优化商业模式,通过数据驱动来科学高效地落实营销策略。

其二,用户增长需要看准增量。实验是公认的最好方法,准确评估策略效果非常重要,值得关注和掌握。

其三,效率是用户增长的关键。其中包含人的效率(通过工具提升)和策略的效率(通过算法模型提升),相关的工具和算法值得关注。

本书共 8 章。

第 1 章明确了用户增长的动力在于提升用户价值,简要介绍了用户增长工作的核心内容。用户增长工作需要全局视野,涉及"道"(用户价值、宏观机会与商业模式)、"器"与"术"(数据驱动和营销策略)的层面。

第 2 章介绍了快速开展用户增长工作的具体方法、案例和深入思考。通过全局视野找到用户增长的方向,借助数据驱动找到策略切入点。

第 3 章和第 4 章系统地介绍了用户增长中的核心内容——实验方法。这两部分包含实验思维和实验设计(第 3 章)、实验分析和价值挖掘(第 4 章)等必知必会的内容,此外还会涉及增长实验的一些前沿难题和经验总结,供打算深入了解实验的读者参考。

第 5 章和第 6 章系统介绍了用户增长所依赖的效率工具的搭建思路,以及与用户增长相关的算法应用。这部分内容包括用户选取、实验配置、实验分析、策略下发、效果回收等基础工具（第5章），以及一些能够在用户增长中发挥重要作用的常用算法模型（第6章）。

除此之外，笔者还介绍了一些用户增长的工作方法和这一细分领域的发展现状。如果读者对实验和效率工具不感兴趣，也可以先行阅读第7章和第8章。

第7章主要介绍了实战中的用户增长团队工作方法，包含目标制定、团队协同、数据驱动文化打造等，以及用户增长操盘手的能力模型和招聘应聘建议。第8章介绍了我国部分一线互联网企业和自媒体的用户增长现状，整理了实战的通用经验。最后，笔者整理了近期收集的一些有关用户增长的代表性问题，以问答的形式（Q&A）呈现，与读者具体交流。

写作是一个漫长的过程，对于笔者这样的新手而言尤甚。感谢人民邮电出版社张国才先生自写作初期以来的悉心指导；感谢GrowingIO创始人兼CEO张溪梦先生、前滴滴增长策略负责人李奘先生、前滴滴标签系统负责人曹利锋先生、前滴滴司机产品负责人及《产品思维》等畅销书的作者刘飞先生、腾讯看点增长中心总监刘佳女士、腾讯新闻用户增长高级产品经理刘玉凤女士等用户增长领域的老师及同仁在百忙之中帮忙把关书稿，提出了中肯的修改建议；感谢"用户增长实战笔记"微信公众号的读者朋友们对笔者给予的积极鼓励和及时反馈，确保了本书的实用性。最后，特别感谢我的夫人王可女士，感谢她多年以来对我工作的一贯支持，对我写作此书的莫大鼓励及无处不在的思维碰撞。

限于笔者的经验和能力，本书内容难免存在一些不足之处，欢迎读者与我联系，期待共同成长进步。

金磊

2020年8月于上海

目录

第1章 正确认识用户增长 / 001

1.1 从增长到用户增长　　002
- 1.1.1 增长无处不在　　002
- 1.1.2 商业世界中的增长　　004
- 1.1.3 用户增长是什么　　005

1.2 用户增长的动力　　008
- 1.2.1 持续使用产品源于获得价值　　008
- 1.2.2 增长动力来自提升用户价值　　010

1.3 用户增长的全局视野　　012
- 1.3.1 用户价值　　013
- 1.3.2 宏观机会　　013
- 1.3.3 商业模式　　015
- 1.3.4 数据驱动　　016
- 1.3.5 营销策略　　018

1.4 用户增长的主要工作　　019
- 1.4.1 用户增长的核心工作流　　019
- 1.4.2 你是否需要关注用户增长　　021

第2章 快速开始用户增长 / 025

2.1 借助全局视野找方向　　026
- 2.1.1 提升用户价值　　027

2.1.2 利用宏观机会 031
2.1.3 优化商业模式 035

2.2 通过数据驱动找切入点 039
2.2.1 确认增长目标和增长模型 040
2.2.2 找用户核心路径的断点 042
2.2.3 找用户行为和增长目标的相关性 047
2.2.4 形成增长假设 049

2.3 巧用营销策略提升指标 050
2.3.1 拉新：新增用户激活与留存 051
2.3.2 拉活：用户活跃度与时长提升 056
2.3.3 变现：广告与商品收入提升 061

2.4 用户增长中的经济学思考 066
2.4.1 科斯定律 066
2.4.2 信息不对称 067
2.4.3 需求第三定律 069
2.4.4 价格弹性与价格歧视 070
2.4.5 比较优势与边际思维 071

第3章 全面了解实验方法 / 073

3.1 为什么需要实验方法 074
3.1.1 一些错误归因的案例 074
3.1.2 两个有名的实验归因 076
3.1.3 用户增长需要通过实验看增量 078

3.2 实验设计必知必会 080
3.2.1 随机分组 081
3.2.2 单一变量 083
3.2.3 实验设计全流程 084
3.2.4 实验开始前的注意事项 088

3.3 实验方法面临的挑战　　090
3.3.1 实验文化需要打造　　090
3.3.2 长期效果评估充满挑战　　091
3.3.3 实验方法存在一些局限　　092

3.4 不具备实验条件怎么办　　093
3.4.1 因果推断方法　　093
3.4.2 双重差分方法　　095
3.4.3 边际效果归因　　097

第4章 准确评估实验效果 / 099

4.1 如何科学严谨地分析　　100
4.1.1 准确分析陷阱重重　　100
4.1.2 实验场景与分析方法　　102
4.1.3 实验结果要可靠：假设检验　　107

4.2 如何挖掘实验价值　　110
4.2.1 效果好，如何乘胜追击　　111
4.2.2 效果不好，如何提炼价值　　112
4.2.3 实验价值挖掘的三点建议　　113

4.3 如何数据驱动决策　　114
4.3.1 实验结果的内部驱动　　114
4.3.2 实验结果的外部驱动　　115

4.4 正交分层和平行宇宙　　116
4.4.1 正交分层解决了什么问题　　116
4.4.2 正交分层的局限性　　117

4.5 容易被忽视的样本比率偏差　　119
4.5.1 SRM问题的影响　　119
4.5.2 SRM问题会发生在哪些环节　　120

第5章 按需搭建增长工具 / 123

- 5.1 实验平台　　124
  - 5.1.1 圈选人群　　125
  - 5.1.2 分层分桶　　129
  - 5.1.3 结果展示　　131
- 5.2 任务系统　　134
  - 5.2.1 任务配置　　134
  - 5.2.2 组合任务　　135
  - 5.2.3 任务系统与实验平台的用户体验　　136
- 5.3 效果回收和增长引擎　　138
  - 5.3.1 实时数据回收的意义　　138
  - 5.3.2 增长引擎及智能化畅想　　140

第6章 积极探索增长算法 / 143

- 6.1 找到目标人群　　144
  - 6.1.1 Lookalike人群拓展　　144
  - 6.1.2 目标人群预测　　146
- 6.2 提升转化率　　147
  - 6.2.1 点击率优化　　147
  - 6.2.2 完成率优化　　150
- 6.3 提升投入产出比　　152
  - 6.3.1 提升获客ROI　　152
  - 6.3.2 提升补贴ROI　　153
- 6.4 提升收入　　155
  - 6.4.1 个性化广告　　155
  - 6.4.2 智能化广告　　157
- 6.5 全局优化　　158

6.5.1	生命周期价值预估	159
6.5.2	生态优化	159
6.5.3	智能派单	161

第7章 增长实战工作方法 / 165

7.1 团队闭环高效增长 — 166
- 7.1.1 搭建独立闭环的增长团队 — 167
- 7.1.2 用漏斗思维设计工作链条 — 169
- 7.1.3 人员分工 — 172

7.2 增长团队与其他团队融合 — 173
- 7.2.1 目标协同的意义和困难 — 173
- 7.2.2 如何协同 — 174

7.3 增长项目制 — 176
- 7.3.1 为什么需要项目制 — 176
- 7.3.2 项目组需要哪些人员 — 176
- 7.3.3 增长项目制如何推进 — 178

7.4 增长操盘手的修炼之道 — 179
- 7.4.1 三种必备思维 — 179
- 7.4.2 三项必备能力 — 181
- 7.4.3 增长操盘手的能力要求 — 184

7.5 招聘和面试技巧 — 185
- 7.5.1 增长岗位的火热与稀缺 — 185
- 7.5.2 如何准备增长岗位面试 — 189

第8章 用户增长现状观察 / 193

8.1 头部互联网企业 — 194
- 8.1.1 小团队形式 — 195
- 8.1.2 大团队形式 — 196
- 8.1.3 增长中台形式 — 197

8.2 自媒体增长观察 198
8.2.1 短视频 199
8.2.2 电商直播 202
8.2.3 公众号 205

8.3 用户增长问答 207
8.3.1 工作内容 208
8.3.2 策略产生 211
8.3.3 效果评估 212
8.3.4 求职应聘 214

第 1 章

正确认识用户增长

人们从事商业活动，不论在哪个细分领域，都会把增长当作永恒的目标。因为不论是产量增长、销量增长、盈利增长，还是企业营收增长、员工数量增长、用户规模增长，都意味着企业正在发展壮大。让企业拥有更大的商业影响力，甚至更强的人类影响力，都是企业经营者们梦寐以求的目标。

增长的范畴很大，本书重点聚焦互联网及与其高度相关的行业，落脚在"用户增长"这个新兴领域。本章首先阐述如何将用户增长从"增长"这个宏大的主题中抽离出来；然后介绍用户增长的定义及其被高度关注的主要原因；继而阐述笔者所理解的用户增长核心理念，具体介绍什么是全局视角下的用户增长；最后结合笔者多年的实战经历介绍用户增长工作究竟在做什么，以及不同角色的读者需要如何关注用户增长。

本章作为开篇，旨在让读者对用户增长有初步的体系化认知；后续各章将逐步介绍如何做好用户增长的实战。相对于方法论阐述，本书内容更贴近实战，而又尽量避免陷入通用性有限的细枝末节。下面我们从"增长"开始。

1.1 从增长到用户增长

增长普遍存在，并且拥有通用的底层逻辑。认识增长，尤其是商业世界中的增长逻辑，可以让我们更好地理解用户增长的来龙去脉。

1.1.1 增长无处不在

增长是事物发展的一般规律，城市扩张、人口增多、植物蔓延、病毒传播、企业壮大等都属于增长的范畴。然而，增长并不是无条件持续的。到了一定的阶段，继续增长就需要一些新的条件，突破一些桎梏，或接受一些变革。

（1）城市扩张

城市范围的扩大所依赖的首要条件是市内交通的发展，公路、轻轨、地铁组成的网络将城市横向边界逐渐拓宽。其次是建筑行业的突破，这使城市的纵向拓展成为可能。纵横相交，最终使城市成为不断壮大的"体结构"，容纳更多的人口，两两之间都有可能产生连接。这样的城市就像一个有机体，有呼吸，有排泄，也会有病痛。当城市规模触及所能承受的压力边界时，城市也就停止了扩张。

（2）人口增多

20世纪初，医学发展到能基本解决全球性的致命疾病（如天花），并大幅提升婴儿存活率，世界人口因此出现高速增长。百年之后的今天，很多发达国家和城市已经普遍出现了人口的负增长，如西欧多国、日本，以及我国的北京和上海等城市。大城市生活的快节奏、高收入岗位的强压力，使生育成了部分年轻人的"可选项"，而城市人口生育率持续降低使人口增长出现了停滞。长期保持较低的生育率，人口老龄化将会日趋严重，社会的福利体系也将承受巨大压力。

（3）植物蔓延

藤蔓是植物界的增长大师，它们依靠高效的光合作用，借助新支点获得蔓延空间，在艰难的环境中依然可以爬满一面又一面墙。当它们生产的养料再也不能支撑多爬一步时，边缘的叶子就会开始枯黄，蔓延的边界也就确定了。这时候需要多一些阳光，多一些养料，才可能打破当前的平衡，继续扩张领地。

（4）病毒传播

病毒让人类闻风丧胆，它们会首先侵入宿主，然后通过宿主间的传播形成恐怖的链式扩散，呈现指数级增长。史上最让人恐惧的两次大规模病毒传播：其一是中世纪时欧洲爆发的黑死病，它夺取了1500万人的生命；其二是20世纪初的西班牙大流感，造成了3000万~5000万人死亡，超过了第一次世界大战的总死亡人数[1]。只有在病毒传播被切断，即传播系数R0小于1时，病毒才无法扩散到更多的新宿主。一旦传播链路被切断，病毒的规模随即迅速瓦解，其影响就

---

1 数据来自疾病控制和预防中心。

能被控制。

（5）企业壮大

企业的发展壮大，或者是因为一个闪亮的点子，或者是把握住了一次技术的潮流，从而借助一两个龙头产品撬动市场，逐步占据市场份额，最终成为行业寡头。在过去的50年中，商业世界不断重复这样的故事，仅仅是在信息技术和互联网这个细分领域，就如吴军老师在《浪潮之巅》中所描述的那样，已有数十家公司经历过冲上浪潮之巅，而大部分又随着退潮下落，最终消失在沙滩上。当营收到达极限、缺少新的增长点时，企业就非常危险了。这时候哪怕只是一个决策失当就会葬送掉数十年搭建起来的商业帝国，例如我们都熟悉的诺基亚手机、雷曼兄弟等。

增长是无处不在的，上面介绍的各种增长本质上有着相似之处：增长首先需要具备一定的起步条件或要把握时机；当规模逐渐扩大时，持续增长又将面临巨大的挑战和限制；如果不能解决积累的问题，无法突破当前的局限，增长将会停止甚至快速转向衰落。

接下来让我们将目光聚焦商业世界的增长：它很残酷，因为企业一旦不再增长，很可能就会快速消亡。

1.1.2 商业世界中的增长

股市总市值在一定程度上反映了某个时期商业企业的总体规模。从长期来看，股市市值持续在上涨，意味着商业总体规模在不断增大。美股的道琼斯指数（道琼斯综合平均数）计算了各时期具有代表性的多家企业的股价平均数（即成分股，最初为12家，后来稳定在30家），并经过校准以确保当前值与最初值可比。道琼斯指数从1896年5月26日首次公布的40.94点，到2020年5月初的23800点左右，增加了约580倍。我国的A股上证指数计算方式略有不同，从1990年12月19日上市的100点，至今不到30年间也已经增加了接近30倍。

在宏观规模增长的背景下，如果一家公司增长过慢，就会逐步失去生存优势，最终面临淘汰。道琼斯指数最初的12家成分股企业随着2018年6月通用电气被踢出，已经全部被替换。很多百年企业也都经历过浮浮沉沉，经营到今天颇为不易。

商业世界非常残酷，对于任何企业而言，不增长就会消亡。资本市场一般以企业市值（未上市则看估值）为其最重要的增长指标，它综合体现了企业当前价值和未来预期。市值受到很多因素影响，对于以提供大众产品和服务为主的企业，用户规模及其增长预期对市值的影响尤为重要。绝大多数互联网企业都属于这一类，当形成规模经济之后，用户或客户越多，能够产生的边际收益就会越多，总体收益率也就越大（本书将产品或服务的受众统称为"用户"，后续均以"用户"代表"用户"或"客户"）。在同一个细分领域中，用户规模和市值高度正相关。对于重度依赖广告收入的企业，如百度（搜索广告）、腾讯（媒体和社交广告）、字节跳动（信息流广告）等，用户规模甚至是其生命线。因为这类产品或服务是向用户免费的，海量的活跃用户消耗着极高的运营成本，而这些产品主要通过广告收入获得收益。此类互联网企业必须重视广告收入的提升，通过简单拆解可以发现：

广告收入＝活跃用户数×平均每用户收入

在一定时间内，平均每用户收入（Average Revenue Per User，ARPU）是一个较稳定的值，它通常取决于广告主的竞价水平，且受整体行情影响。因此，总体广告收入主要由活跃用户数决定，这也解释了为何最近几年来互联网企业都格外重视用户增长。但是，移动互联网普及所带来的用户红利已经逐步被瓜分完毕，自然增长接近停滞，不足以支撑互联网企业继续壮大的预期。因此，互联网企业需要专门的团队专注用户增长。那么，用户增长究竟是什么呢？

1.1.3 用户增长是什么

本书中的"用户"是指互联网产品和服务的受众（包含B端和C端）；"用

户增长"是指用户相关指标的增长,包含用户规模及其产生的各种影响,主要涵盖以下三个方面:

(1)用户规模,如月活跃用户数(Monthly Active User,MAU)、日活跃用户数(Daily Active User,DAU);

(2)用户时长,如总时长、人均时长;

(3)商业收入,如广告收入、商品收入、服务收入。

得益于近年来"增长黑客"概念的流行,用户增长也成为大家非常关注的一个领域。那么,用户增长和增长黑客有什么关系和区别?我认为二者都是一种工作方法,本质上目标是一致的,都是提升某些增长指标;而且,二者的工作范畴和方法也高度相似,都是强烈主张数据驱动和实验文化;二者最大的区别在于思考的角度不同。

增长黑客更多站在企业的角度思考,以提升与获客、激活、留存、变现、推荐相关的指标为导向,关注的指标包含用户规模和商业收入。增长黑客理论中,增长的前提是产品与市场的契合(Product Market Fit,PMF),崇尚 AARRR(见图1-1)或其他更强调留存的变形模型 RARRA。

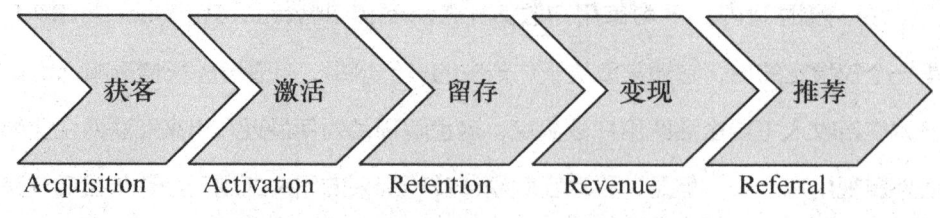

图1-1 增长黑客中经典的AARRR模型

用户增长主要站在用户角度思考,强调基于用户价值提升的增长,关注的指标除了用户规模和商业收入,还有用户时长、用户满意度等体验指标。与增长黑客一样,用户增长也强调以实验方法为核心,支撑科学高效的产品和运营决策。相对于增长黑客的偏技术范儿,用户增长更像产品策划和产品运营工作的一次迭代,更注重目标导向和数据驱动,是一系列的思考方式和工作方法。

那么,用户增长和裂变又有什么区别呢?裂变只是一种营销策略,包含在用户增长工作当中,主要是通过社交网络中的病毒式传播获得新用户或提升老用户的活跃度。近年来,社交裂变获得了很多成效,也吸引了广泛关注。但是,读者如果想要全面了解用户增长工作,还需要关注营销策略以外的更多内容。

对于互联网企业而言,"增长"基本就等于"用户增长"。所以,用户增长部门和相关岗位便成了标配。近些年出现了越来越多的用户增长岗位:2016年底,滴滴出行就已经有"用户增长专家""用户增长运营"等岗位;2019年下半年起,腾讯的产品晋升通道也新增了策略方向,用户增长包含在其中。由于出色的增长操盘手相对稀缺,因此互联网企业愿意为其提供职级较高、薪资不菲的就业机会(见图1-2)。用户增长岗位是产品策划、产品运营的迭代版本,有新的机会和广阔的成长空间。用户增长岗位的能力要求、应聘和招聘等内容将在第7章详细介绍。

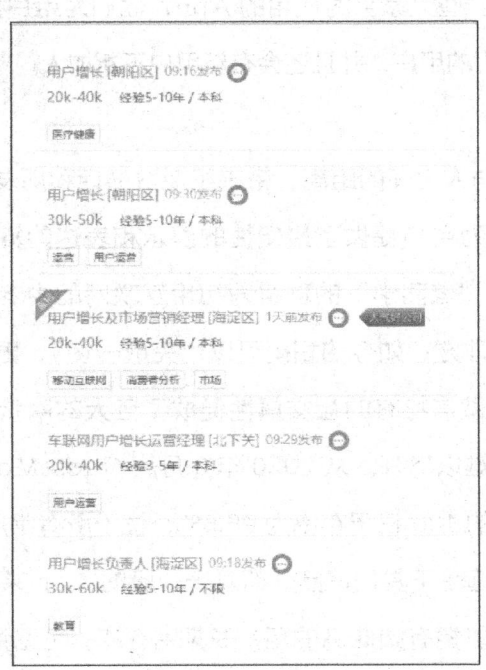

图1-2 与用户增长相关岗位的需求和薪资水平示例

用户增长强调以用户价值为基础、具备全局视野。接下来，我们先看用户增长的动力来自哪里。

1.2 用户增长的动力

如同世间万物增长需要条件一样，用户增长也需要内在动力。认清内在动力有助于我们找到获得增长的最关键因素，进而有针对性地部署资源和策略。

1.2.1 持续使用产品源于获得价值

用户持续使用某一款产品的原因可能有很多，但本质上都是由于产品为用户提供了某种其他产品无法提供的价值。用户使用产品获得了价值提升，包括但不限于获得好友、愉悦、知识、实惠、收入等，才会继续使用，甚至呼朋唤友一起使用。例如，以下一些大家平时使用的App，他们为用户提供了明确的价值，也就拥有会持续使用的用户，并且还会有新用户不断加入。

（1）微信

微信拉近了人与人之间的距离，带来了免费通话和朋友圈这个门槛最低的社交网络。朋友圈为用户提供了最便捷的展示和表达的舞台；各种被取名为"相亲相爱一家人""老同学"的群组为初用互联网的中老年人提供了表达关怀、维系友情的好地方；如今的扫码可以"完成一切"，更是为所有人提供了极大的生活便利。微信特有的社交属性促成了巨大的网状人际关系，用户会自发地加入，并且难以离开。从2020年3月底QuestMobile提供的数据来看，微信活跃用户的180日留存率为95.5%，位于所有常用App用户留存率排行的首位，且远远高于其他产品。而对于一般的App来说，次日留存60%都已经非常不错了。拥有如此高的用户长期留存率，可见微信为用户带来的价值之大。

（2）抖音

时至今日，不管是对短视频重度迷恋，还是对其嗤之以鼻，你都已经无法置身于抖音和快手的影响之外。得益于我国已全面普及的低价、高速移动网络，在公交车、地铁甚至高铁中，短视频和直播都能流畅地播放。抖音作为其中的主要代表，以极低的内容消费门槛，和仅需单手上下划动、双击即可完成主要操作的便捷交互体验，让用户躺着就可以轻松消费大量的优质内容。抖音已经成为人们消磨时间的最主要的娱乐方式。有数据显示，其总体使用时长仅次于微信。此外，抖音的内容生产门槛也不高，只要有创意，一部手机就可以拍出亿级别播放、百万级别点赞的作品。抖音平台也在不断优化内容两端的规则，让优质、热门的内容得到更多的曝光和播放，让优秀的内容生产者得到奖励，确保生态中生产和消费两端均获得良性的增长。2020年3月底QuestMobile的数据显示，抖音的周均活跃用户数突破5亿个，180日留存高达79.5%，在所有App中仅次于微信。可见抖音已经成为一个不折不扣的国民级应用，它给用户带来的主要价值就是获得愉悦。

（3）知乎和B站

如果刷短视频在一部分用户眼中纯粹是浪费时间，那么网络中的求知、学习就算更狭义的价值获取了。在这方面，知乎作为一家老牌的问答社区，成功穿越了桌面互联网时代存活至今。随着知乎对其内容多样性的提升，包括知乎live、在线课程、知乎热榜，其用户还在不断增加。视频网站bilibili（B站）则逐渐淡化了二次元内容，为更多年轻用户提供了优质内容消费场所和友善有趣的社区氛围。而且，大量知识类博主（B站称为"UP主"）的入驻使在B站学习成为新的潮流。知乎和B站都不再小众，社区氛围的改变甚至破坏难免会引起部分老用户的不满。但从整体来看，服务于更大规模的用户群体，为他们提供学习和娱乐的场所，是在为更多用户提供价值。对于产品和企业而言，这才是最理想的归属。

（4）拼多多

拼多多一路走来也是充满了争议，从最开始因为假货问题被戏称为"并夕夕"，到2019年开始通过持续的"百亿补贴"，长期推出全网最低价的品牌数码产品而被网友改称为"拼爹爹"。拼多多诠释了为用户提供价值所带来的用户增长，一方面是低价和补贴，另一方面是门槛极低的购物体验。借助微信现成的账号和支付体系，拼多多在微信环境中通过社交裂变席卷了三、四、五线城市及小镇乡村的海量用户。许多中老年用户是通过拼多多开始网络购物的，而很多农村商户也是通过拼多多开始线上销售的。他们都从拼多多上得到便捷和实惠，这就是用户价值。2020年4月底拼多多发布的2019年年报显示，其2019年实现了10066亿元的成交额，年活跃买家数量达到了5.85亿个。如此大的用户规模，活跃用户的180日留存为47.3%，在电商品类中仅次于淘宝的51.6%，构成了对阿里系电商帝国的有力冲击。拼多多为买家持续提供优惠，平台免收佣金和平台服务费，让商家获得更多收入，这些用户价值使拼多多成功占据了电商用户的心智，稳居电商品类的前三名。

上述这些产品，无疑都是近年来用户增长的杰出代表。由此可见，产品只有能持续为用户提供价值，用户才会选择留下来，甚至主动通过口碑传播为产品带来更多有价值的用户。这是最理想的、最良性的用户增长。

1.2.2 增长动力来自提升用户价值

互联网商用至今，用户增长的底层逻辑没有改变，即用户价值的提升带来持久、健康的用户规模和收入增长。那么，如何定义用户价值的提升呢？俞军老师在多年前就提出了以下用户价值公式：

$$用户价值 = 新体验 - 旧体验 - 替换成本[1]$$

---

[1] 参见《俞军产品方法论》。

借助这个公式可以定性地描述价值提升的两个途径：其一，提升新旧体验差；其二，降低替换成本。

新旧体验差最终需要用户的切身感知，除了保证新体验足够优秀外，产品或厂商需要用营销手段说服用户愿意尝试新体验。例如，"充电5分钟通话两小时"的快充体验，用户一旦尝试过就很难再用回普通充电器。

替换成本可以理解成用户从一个产品迁移到另一个同类产品时，所需要花费的各种成本之和，包含如下载App、注册、绑定支付方式等。以电商为例，除了直观的降价，还有各种优惠券补贴或红包。正如前文提到的深入人心的拼多多百亿补贴，使其不知不觉成为数码爱好者够买电子产品的重要平台。

降低替换成本，除了狭义的降低支付成本，还可以推广至降低信息获取成本和完成消费成本。例如，划一下屏幕就能沉浸式观看的抖音和快手，省去货比三家的直播电商，都因不需要搜索和对比而极大地降低了用户的信息获取成本；短视频和直播的消费门槛几乎为零，相比图文信息，极大地降低了消费成本。

俞军老师的用户价值公式直观地呈现了提升用户价值的两条路径。此外，还有一个略显抽象的价值提升视角，便是网络效应。硅谷著名投资人里德·霍夫曼在《闪电式扩张》一书中给网络效应做了如此定义："当增加任何一个用户都会增加产品或服务对于其他用户的价值时，这种产品或服务就会产生积极的网络效应。"这种效应也被经济学家称为"需求方规模经济"，通过用户间产生连接增加彼此的价值。网络效应最具代表性的案例就是社交网络，如微信和微博，随着用户增多，网络中的关系链越来越复杂。用户拥有更多好友，用户之间有更多互动，网络强度也会越大。如今的抖音和快手同样形成了巨大的网络效应，使内容生产和内容消费建立了连接。随着用户增多，内容生产者发布的视频能够有更多消费，也能获得更多激励；内容消费者能够获得免费优质的内容，也能够发表评论、参与互动，得到来自其他用户的反馈。因此，通过网络效应提升用户价值，也是获得增长动力的有效途径。它并不局限在具象化地提升某个用户的个人价值,而是从一个更高的维度产生系统化提升。

用户增长离不开用户价值的提升,并且需要将其理解为大部分用户的价值提升。无视用户价值的增长,或者无法保证持续的价值提升,更多也只是自嗨式的短暂狂欢。

明确了用户增长的动力,我们还需要考虑如何将"价值提升"这个信息传递给目标用户。尤其是在一些红海密布的细分市场,已经有很多对手在抢夺用户,只有脱颖而出才能继续生存。所以,价值传递这部分工作在用户增长中同样关键,需要通过营销策略来完成。营销策略需要建立在正确的商业模式之上,需要符合全社会的宏观发展趋势。总之,用户增长不是一个一个的单点工作,它需要我们具备全局视野。

1.3 用户增长的全局视野

提到用户增长,我们更多能感知到的往往是大众视野中的营销策略。例如,近年来春节期间都会有春晚红包,微信、支付宝、百度、快手等先后从中攫取了海量新用户。人们习以为常的"6·18"和"11·11"已经成为购物狂欢节,以及刚刚兴起的明星和企业高管直播带货,例如,罗永浩在抖音卖起了汽车和手机,董明珠则亲自站台卖格力空调。如图1-3概括的"冰山图",以上这些最能被感知的营销策略处在冰山顶层,而底层逻辑则依次向上包括用户价值、宏观机会、商业模式和数据驱动。

以用户价值为基础,向上支撑对宏观机会、商业模式的洞察,进一步通过数据驱动更科学有效地完成营销策略落地,这是一个用户增长的全局视野。接下来分别介绍全局视野中的五个要素。

第1章 正确认识用户增长

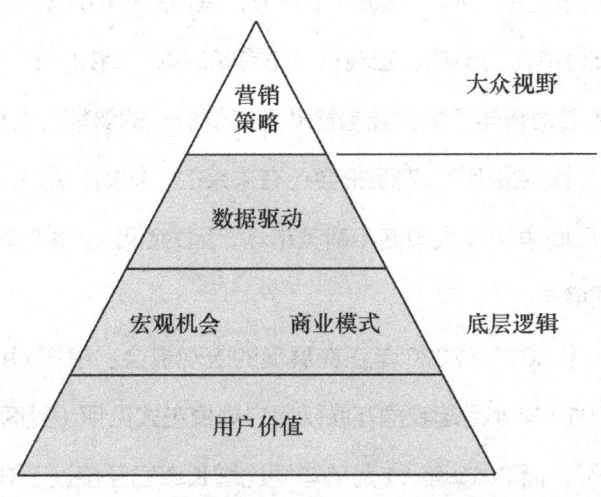

图1-3 用户增长全局视野"冰山图"

1.3.1 用户价值

之所以强调以用户价值为基础的全局视野，是因为增长并非一个短时的、眼前的指标提升。从时间维度来看，用户增长需要关注长期的用户规模，这依赖于用户认为产品有长期价值；从空间维度来看，用户增长需要关注尽可能多的潜在受众，确保获得新用户，这就依赖于产品价值的传播。当产品不能给用户提供价值，无法让用户自发向身边的潜在用户推荐甚至提及这款产品时，它将很难获得增长。所以，我们将用户价值放置于增长全局视野"冰山图"的基础位置。

1.3.2 宏观机会

自然界中的宏观机会很具象，就像春天到来、万物复苏，或者瀑布飞流直下三千尺。宏观机会能带来普遍利好，如果能够抓住机会借助势能，用户增长可以获得事半功倍的效果。

宏观机会有短时的。例如，2015年春节，微信支付借助春节红包一炮而红，迅速占据移动支付的可观份额。宏观机会也有长时的。例如，时下异常火热的短视频和手机直播借助智能手机普及和移动网络低价化的势能，头部App在近两年获得了数以亿计的新用户。宏观机会还有未来的。例如，华为、小米、OPPO和vivo等手机厂商争相投入印度和南美市场，因为那里也将有类似我国过去几年的需求爆发式增长。

我们来看一个2018—2020年正在展现的宏观机会。根据QuestMobile发布的数据，从2019年4月起我国互联网用户规模正式见顶（见图1-4左图中的"月活用户规模"），而2019年11月的年同比增长率已经接近于0（见图1-4左图中的"同比增长率"）。同时，我们可以看到用户时长依然保持较高增速，并且随着以抖音、快手为代表的国民级短视频App月活跃用户数达到4亿～5亿级别，用户时长在2019年下半年的同比增长率还在持续增大（见图1-4右图中的"同比增长率"）。

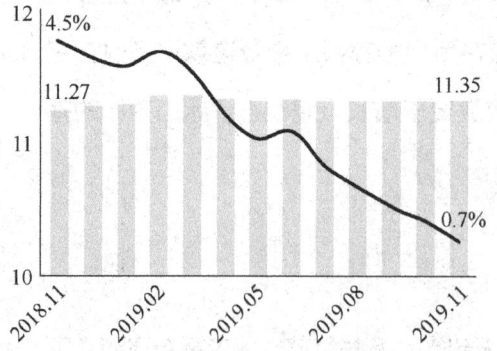 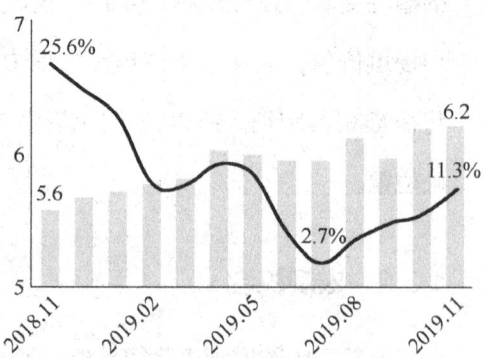

来源：Quest Mobile TRVTH中国移动互联网数据库，2019年11月。

图1-4　2019年国内互联网用户规模和时长趋势

2019年11月，全网人均日时长已经达到6.2小时（见图1-4右图中的"人均单日使用时长")。这是什么概念？假设人们每日平均睡眠 6 个小时，除去这个时间，用户每天依然有 1/3 的时间是在盯着手机屏幕。不夸张地说，手机已经变成了人类的一种"器官"，我们每个人都不可避免地被卷入了这个浩瀚的"时长池"中。由此可见，"流量池"在 2019 年完成了向"时长池"的转变，这里蕴含着宏观机会。这样的机会正是我们获得大规模用户增长所要重点把握的。

除了技术变革和普及带来的宏观机会以外，还有一些观念变革值得我们关心。例如，近年来流行的健身文化和随之而来的低糖低脂饮食风潮。在资源匮乏的年代，糖曾经是人们追求的快乐源泉之一。但是，如今过量糖分摄入容易引发肥胖，使"无糖""0 卡"的概念逐渐深入人心，形成了健康饮食的新趋势。在这个大趋势下，可口可乐这样的巨头也开始主推无糖产品零度可乐，在保留甜味的同时实现了无糖，因而深得人心。与此同时，另一家主打无糖饮料的品牌——元气森林也迅速走红于网络和线下商超。可口可乐借助零度可乐对冲了传统可乐销量下滑的影响，而以元气森林为代表的无糖饮料获得飞速增长。类似这样的消费趋势还有全面屏手机、多摄像头手机、真无线蓝牙耳机等，几乎每半年都能看到一次不小的消费观念变革。

在用户增长的全局视野中，宏观机会处在用户价值的上一层，其中蕴含了大概率会成功的增长方向。正所谓顺势而为，站在一个上升的面上来做增长，成功的概率自然要大得多。而宏观机会的利用往往体现在商业模式的创新和优化上。

1.3.3 商业模式

关于商业模式的讨论和分析一直以来都是商业界和学术界的热点。商业模式的创造非常难，对于绝大多数从业者来说是可遇不可求的。更多时候，我们是在优化现有商业模式的不足之处。具体地说，就是在修补其中某些环节的断点，从而寻找新的机会。

无论形式复杂与否，具体就商业模式而言，都是描述一家企业如何通过生产、销售产品或服务来创造财务收益。每个行业都有一套生态，和我们熟知的自然界一样，每个角色都对所在生态产生影响，也能因此获得收益，这就是商业模式运行的结果。

近年来，内容消费领域呈现了一个完整的生态。而在几年前，里面的很多角色是不存在的。例如，多渠道网络服务（Multi-Channel Network，MCN）连接着草根内容生产者和内容平台，为普通内容创造者提供了专业化的包装能力，更好地打通了其触达内容消费者的通道，提升了生产者的影响力。MCN 让内容消费的生态更加顺畅，同时也为它自身谋求到高额的收入分成。由此可见，在一个新的领域引入关键角色，能够很好地弥补商业模式中的空缺。

2019 年以来异常火爆的直播带货，原本内容平台也存在电商的通道，例如，短视频下方的购物链接。但这种方式还不够直接，货品和内容结合的质量也良莠不齐，整体转化率还有很大的提升空间。而电视购物已经存在了数十年，现在它被改良并搬到互联网直播平台，主播用更加轻松风趣、更具互动性和鼓动性的方式进行推销，商家能够更加高频替换货品。直播平台提供更加便捷的购买方式，这些举措都优化了电商的商业模式，为内容电商注入了新的动力。

发现商业模式中的断点是找到用户增长方向的一个思路，这样带来的增长也更可能是长期有效的。

至此我们介绍了"冰山图"中处在底部的三个元素，对用户价值、宏观机会和商业模式的系统思考是用户增长的"道"层面。接下来，我们继续介绍处在"器"和"术"层面的数据驱动和营销策略。

1.3.4 数据驱动

广义的数据驱动包含数据分析、机会挖掘、实验验证认知、数据驱动决策等。用户增长中数据驱动的主要目的，首先是找到具体切入点，然后是推进整个工作流。找切入点是指通过对现有数据进行全局扫描、相关性分析等，从而发现问题或机会；而推进工作流则是指通过实验方法评估策略效果，并基于此效果进行下一步的策略迭代。

数据驱动首先要明确增长目标。这个目标最好是企业从上到下都认同的核心指标，所有增长工作都将围绕这个指标进行拆解。最常见的方法就是先确定好北极星指标，然后按照杜邦分析法进行拆解，找到切入点。这部分内容将在第 2 章展开介绍。

在用户增长中，实验方法是数据驱动中至关重要的一环。既然是做增长，就需要关注策略带来的指标增量，而实验方法是全球学术界、一线互联网企业公认的黄金法则。尽管实验面临一些挑战，也有很多场景无法进行理想的实验，但它依然是满足条件时的首选。实验设计、实验分析两部分内容分别在第 3 章和第 4 章详细展开介绍。

一些传统运营的策略，主要依赖人力来完成配置和迭代。而在算法主导的内容推荐、动态定价、补贴策略等领域，算法模型已经能够智能地完成个性化、全局最优的策略下发，并且能通过强化学习不断完成效果的自我优化。这些算法策略中的代表有以下三类：

- 抖音、腾讯新闻的内容分发策略；
- 滴滴、美团的派单策略；
- 京东、滴滴的定价策略。

总体而言，数据驱动能帮助我们评估营销策略的效果，为营销策略的迭代服务，为增长目标的实现提供保障。这部分内容在用户增长工作中非常重要，但同时也是从业者普遍欠缺的。所以，本书将花较大篇幅对数据驱动涉及的实验方法、实验分析、效率工具设计、算法模型应用等做出详细介绍，以供读者参考。

需要强调的是，数据驱动及后续的营销策略都是在为提升用户价值、优化商业模式服务。当然，并非凡事都需要数据化、用数据来驱动，而是主张围绕一个增长目标做精益的数据分析和策略挖掘。总体而言，数据驱动是为提升增长策略的准确性和效率服务的，它所能发挥的效果很大程度上取决于产品方向和商业模式。读者切不可认为数据驱动是仙丹灵药包治百病。

介绍完"冰山图"中的冰下部分，我们完成了整个用户增长底层逻辑的搭建，接下来就需要思考大众用户能够感知的冰山一角——营销策略。

1.3.5 营销策略

用户增长所涉及的产品、运营策略都包含在广义的营销策略中。概括地说，营销策略是一个直接面向用户的界面，它的作用主要包括向用户传递信息、讲清楚利益点、与用户进行互动、引导用户完成关键行为，最后促进增长目标的达成。

在用户增长中，企业可以通过有针对性的实验来探索营销策略的最优效果。例如，电商 App 中常见的商品促销界面会向用户呈现购物"满多少可以减多少"的信息，这里涉及两个数值变量。企业如果拿不准如何设计，可以通过实验验证何种数值组合能够带来最大的 GMV（成交总额）或最优的 ROI（投资回报率）。例如，从内容消费 App 的数据中可以分析得出，用户一旦与他人产生互动（转发、评论、点赞），其后续留存率就会显著提升。针对这个分析结论，产品中可以设计一些引导用户完成转、评、赞的小功能。例如，在用户发布内容后默认会得到一些点赞，将极大促进其发布内容的积极性；签到打卡功能，打卡 7 次可以瓜分奖金，在用户第 1 次打卡后可再赠送 1 次打卡机会，实验证明被赠送的用户群最终打卡满 7 次的比例显著高于未赠送的群组。

营销策略为大众视野所见，上述案例看似简单，但都有它能够生效的底层逻辑支撑。这些可以在如消费心理学、用户行为学甚至经济学图书中找到一些参考。在后续章节中，笔者还会根据不同的增长目标介绍一些有针对性的营销策略，以及一些从其他学科中抽象出来的思考方式。

营销策略的挖掘和生效依赖于冰山之下的强力支撑，即以用户价值为基础，通过对宏观机会和商业模式的洞察，借助数据驱动科学高效地落地。而这一系列就是用户增长工作的主要内容，接下来笔者展开介绍。

1.4 用户增长的主要工作

用户增长工作的内容来自全局视角的冰山图。其中关于"道"层面的思考，往往只会交给战略决策者和高阶的产品经理、研发经理和分析师等。即便如此，一线的产品运营和用户增长从业者也需要有全局视角的思考。我们需要以终为始来反思自己设计的某个小功能、运营的某次小活动或某一篇分析报告是如何作用于整个增长目标的。

除了"道"层面的思考，用户增长工作中更多的精力是投入"器"（工具）的搭建和"术"（策略）的应用中。用户增长是一个系统工程，近几年形成了一套成熟的工作流。增长目标是源头，数据贯穿工作流的主线，实验方法是至关重要的一环。增长操盘手需要全盘了解工作流中的各环节，其他读者朋友可以重点关注其中和自己相关度较高的内容。

1.4.1 用户增长的核心工作流

在理想的情况下，用户增长工作希望一开始便拥有完善的数据平台、标签体系、实验平台，甚至有不错的算法模型支持自动下发策略。然而，用户增长也需要和时间赛跑，即使基础设施还没齐备，也要尽快开始积累正向经验。假设我们处在用户增长的最初阶段，应该如何快速地开展工作呢？

（1）明确增长目标

增长目标需要最先明确。结合产品当前所处的内外部环境，需要首先明确所要提升的指标。我们可以参照北极星指标的制定方法，确定一个最能体现产品价值的增长指标，然后根据恰当的方式向下拆解增长指标（如杜邦分析法），直到拆解出的指标可以指导执行。

（2）搭建增长模型

企业在做用户增长工作规划时需要关注全局，看整个用户链路和生命周期的各个环节。最常见的AARRR模型及强调留存的RARRA模型都能够很好地帮助我们做初步梳理，然而切入具体的工作时，这些"大模型"过于粗略，往往无法指导工作的展开。此时就需要我们对增长目标进行拆解，细化出具体的增长模型。

假设经过深思熟虑后确定要提升的指标是DAU（日活跃用户），但只有一个DAU目标还不能指导任何工作，这就需要对DAU拆解到可执行的程度。例如，可以把DAU看成一个容器，来思考"流入流出模型"。"流入"的是每天的新增用户及回流用户，"流出"的则是流失用户。以日为观察周期，举例如下：

- 新增用户指当日获得的新用户；
- 回流用户指昨天不活跃，但今天活跃的用户；
- 流失用户指昨天活跃，但今天不活跃的用户；
- 留存用户指昨天活跃，且今天活跃的用户。

可以推知：

$$今日DAU = 今日流入 + 昨日留存 - 今日流出$$

$$= （新增用户数+回流用户数）+ 昨日DAU - 流失用户数$$

那么，要想获得DAU增长，可以从两侧切入：

- 提升新增，增加回流，就是开源；
- 提升留存或减少流失，就是节流。

由于资源有限，我们通常需要决策是优先把预算投入开源还是节流，这就需要具体分析DAU中上述几个因子的构成和趋势。原则上优先看"缺口在哪里"或"怎么做最能起量"，此外还需要结合产品现状、所处阶段来做具体的资源分配（例如，是否有足够预算做付费拉新）。这只是一个典型案例，工作中目标的拆解还会有其他视角，笔者将在后续章节中继续介绍。

（3）找到策略切入点

知道了如何发力，用户增长工作最终还需要落到具体的策略上。策略人员通常可以借助因果性和相关性分析来寻找策略切入点。

首先考虑的是因果性。想知道某个指标为什么不涨，策略人员可以从产品逻辑推演和用户反馈中直接找到原因。定性的方法就是找典型用户去询问验证，定量的方法则可以通过最直观的漏斗分析来定位用户路径的"断点"。理解用户需求，提升用户价值，是产品经理、产品运营的必备技能。

其次考虑的是相关性分析。策略人员通常可以分析增长指标和用户行为之间的相关性；找到高相关行为后，把具体策略定位到提升该行为频次或深度的指标，以验证是否能够增长目标。例如，活跃用户的次日留存与用户活跃当日的使用深度高度相关，包括信息流 App 的时长、图文阅读（Page View, PV）、视频播放（Video View, VV）等，我们可以优先提升这些指标。通过相关性分析找到策略切入点，是非常重要的用户增长手段。

通过分析形成增长假设后，我们需要实验方法来验证假设是否成立，以及量化策略的效果。例如，需要验证施加与不施加策略、发布与不发布功能，前者究竟提升了多少增长指标等。实验方法是本书的重点内容，第 3 章和第 4 章会分别从实验设计和实验分析两方面来详细介绍实验方法在用户增长中的应用。

综上所述，当确定了增长方向后，用户增长主要的工作内容包括分析数据、形成假设和实验验证三部分，三者循环就是用户增长的核心工作流。数据驱动和实验方法的广泛应用，也是用户增长和传统产品运营、产品经理工作事项的最大不同。

1.4.2 你是否需要关注用户增长

上文介绍完用户增长需要具备的全局视野，以及具体工作的核心流程，现在我们简要讨论大家所处的岗位或角色是否需要关注用户增长，或者具体需要重点关注哪一部分。

如果你是企业的中高层决策者，首先建议你关注产品所处领域的宏观机会，产品当前的目标是否可以借助趋势的势能。其次，建议你审视以下一些问题：目前的商业模式是否存在可优化点；目前产品的设计和运营是否围绕关键目标在进行，是否使用了数据驱动的方法；目前的营销策略是否能用实验方法来量化效果。

如果你是一名产品经理，负责某 App 核心功能的策划，建议你关注用户价值的来源，思考如何持续提升用户价值。除此之外，你还需要关注产品中是否有充分的数据采集，因为这是全面的数据分析，尤其是用户行为分析不可或缺的一环。整个 App 的用户增长依赖其各个核心功能的用户规模、时长和留存，建议产品经理去探索自己负责的功能与整体 App 的活跃、留存有何关系。这个功能是拉动大盘活跃，还是被大盘供养，它的价值在哪里？

如果你是一名产品运营，负责提升活跃用户的次日留存，那么建议你关注最近一段时间同类 App 的留存数据。你可以研究留存较高的产品，主要用什么样的营销策略在提升或保持高留存；找到可以借鉴的手段后，在 App 中进行一些低成本的实验，不断摸索出哪种策略能够有效触达并留住用户。此外，你还可以从已有数据中寻找哪些用户行为与用户后续留存率高度相关，这些都存在增长机会。

如果你是一名活跃在微信环境的自媒体从业者，目前微信公众号后台已经有很多数据可以帮助评估内容是否符合受众需求，传播范围是否足够广，收益是否足够大；建议你把自己主理的公众号当成一个完整产品来做用户增长，其中可以根据已有的数据发现问题和机会，可以创造条件设计一些接近于实验的方法来不断优化文案、内容组织、排版样式等。

如果你暂时没有参与具体的互联网产品工作，也不负责任何与增长相关的指标，那么实验方法及其核心思维也会帮助你在生活中更好地评估一些决策的得与失。总之，只有做到因果清晰，才能心中有数。

用户增长不限于某项具体的工作，它更是一套成体系的思考和工作方法。越用心，越能体会到它带来的收益。

> **本章总结**
>
> （1）用户增长主要指用户规模及其带来的相关影响的增长。
>
> （2）用户增长以提升用户价值为基础。
>
> （3）用户增长需要全局视野：以用户价值为基础，通过对宏观机会和商业模式的洞察，借助数据驱动科学高效落地。
>
> （4）明确了增长目标后，用户增长的核心工作为"分析数据→形成假设→实验验证"的工作流，以及逐步完善这个循环。

第2章

快速开始用户增长

前一章介绍了用户增长需要具备的全局视野及用户增长主要的工作内容，本章将详细介绍如何快速开始用户增长工作。首先，我们需要找对产品增长的方向，并以用户价值为基础，可以从宏观机会中借助势能或针对当前的商业模式做创新；然后，需要借助数据驱动的方式，找到具体的策略切入点，最终落地为具体的增长策略。

宏观机会往往比较抽象，难以描述和捕捉，我们需要随时观察用户的"流向"。商业模式同样较复杂且难以量化，我们可以通过对一些核心指标的预估（如毛利率、ROI等是否能提高）来作为判断商业模式是否正确的依据。由此可见，在增长方向的探索上难以保证绝对准确，快速试错是必要的步骤，所以我们的工作更多是在努力提升实现指标增长的概率。

明确了方向后，用户增长的工作一旦展开就会非常琐碎，既不可能"一招鲜，吃遍天"，借助某个"爆款策略"一蹴而就，也不可能一帆风顺，指望某个方法可以长期有效。我们在理性的观察下会发现，大规模的增长来自很多策略优化的累积，其中充满各种小迭代，正所谓积跬步而至千里。

用户增长不是新事物，用户运营的经验、对商业的深刻理解，以及心理学、经济学中的一些观点和视角的运用，都能够帮助我们更好地发现和解释一些增长机会。所以，本章也会尝试融入一些与用户增长相关的"跨界"思考，以求达到抛砖引玉的效果。

2.1 借助全局视野找方向

借助全局视野找增长方向，需要以用户价值为基础，围绕"如何提升用户价值优化产品""如何借助可能的宏观机会顺势而为""如何探索目前商业模式中的优化机会"三个方面展开。下面结合实例，分别介绍三种方法需要如何具体思考和行动。

2.1.1 提升用户价值

在公认的产品思维中，某个产品被用户喜欢，是因为这个产品能够提升用户某些方面的价值。广义的价值提升包括但不限于获得好友、愉悦、知识、实惠、收入等。提升用户价值主要有两个途径：其一是提升新旧体验差，即新体验一定要明显好于旧体验，才可能有用户愿意使用新体验，并且通过口碑传播呼朋唤友一起来用；其二是降低替换成本，包括但不限于降低使用门槛、提供激励、增加补贴等。

（1）提升新旧体验差

我们来看看目前的内容消费领域：2018年以来，我国互联网的用户规模和用户时长都在大量地流向抖音、快手等短视频App，而在此之前的内容消费形式以长图文（如微信公众号、今日头条）、长视频（如腾讯视频、爱奇艺）为主。

既然是讨论内容消费，不妨以"消费成本"来判断用户体验的优劣。从用户角度出发，越容易完成目标内容的消费，这个内容平台提供的体验越能被认可。为了更清晰地描述消费成本，图2-1从两个维度对常见的内容形式做了定性划分，即内容获取成本、完成消费成本。

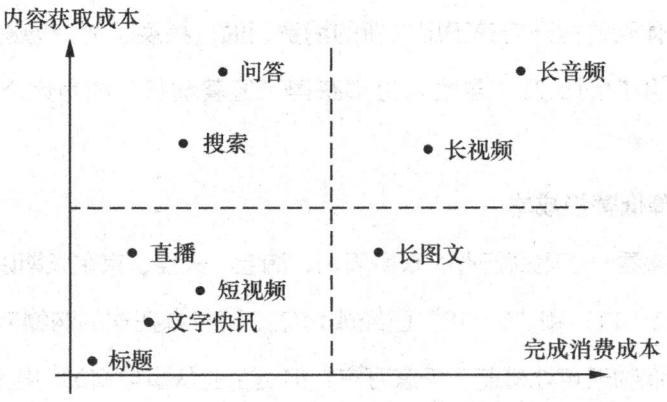

图2-1 不同形式内容的消费成本

内容获取成本可以理解为用户获得目标内容需要付出的时间、操作甚至金钱。例如，信息搜索要求用户先想到关键词，并且能够从搜索结果中找到真正想看的内容。完成消费成本可以理解成用户完成内容消费需要付出的时间甚至金钱。例如，某些长视频热播剧需要购买VIP之后才能观看完整版，并且看完一部剧集需要花费较长时间。

如图2-1所示，无论内容获取成本，还是完成消费成本，短视频均明显低于长视频，而短视频在完成消费成本一项则明显低于长图文。如果把短视频作为新体验、长图文作为旧体验，可知调整内容呈现形式可以提升新旧体验差。这就是我们提升用户价值的一个方向。

结合具体产品来看看抖音App如何提升了新旧体验差：它不仅提供了沉浸式的消费场景，用户的手机屏幕完全被视频内容铺满；还提供了便捷的操作，仅需要单手双击屏幕就可以完成一次点赞，仅需要手指上划就会进入下一条视频。

除了上述让用户感知明显的操作成本降低以外，整个消费体验的提升还可以进一步概括成"解放了一只手"。而只需单手就可以完成绝大部分操作，拓展了很多消费场景。例如，吃饭时可以边吃边刷；坐公交、地铁时一只手扶着把手，另一只手依然可以刷。这些场景是不是似曾相识？姑且不论刷抖音是否浪费时间，在确保安全的前提下，用户通过这些多出来的消费场景打发了更多时间，获得了更多愉悦。体验的提升培养了用户新的消费习惯，拓展了消费场景，使抖音在用户规模、用户时长及广告收入上都获得了显著增长，成为这个领域的龙头产品。

（2）降低替换成本

我们先来看一下电商行业。众所周知，淘宝、天猫、京东长期以来是电商中的巨头，"11·11"和"6·18"已经成为亿万消费者狂欢的购物节日。尽管网络购物已经润物无声地覆盖了千家万户，但是企业从事电商的门槛依然非常高。抛开供应链、物流和仓储，单看用户端，就有账号体系和支付方式两个大门槛。一个新电商产品要想在短期内获得大规模增长，需要解决的难题是如何让用户放弃现有的大平台购物而选择这个新的产品。因为使用新产品需要完成注册、绑定银行卡、填写地址等一系列任务，这些都带来了额外的替换成本。

结合具体产品来看看拼多多是如何降低替换成本的。首先，拼多多通过使用微信账号和支付，就轻松消除了用户从已有电商平台迁移而来的大部分替换成本（第三方账号和第三方支付的能力也已经开放给普通开发者）；然后，需要解决的问题是如何吸引用户，拼多多用红包补贴作为杀手锏，让原本就有价格优势的商品变得更加吸引人。

红包可算是当前互联网产品的标配，但是其起到的效果差异却很大。一般而言，效果不好的红包，其关键问题是发出去的钱不能作用在业务闭环之内，无法持续促进核心指标的提升。例如，通过"看视频得红包"吸引用户，当红包活动停止时，用户还会记得回来看视频吗？因此，多数这样的红包在前期金额会很高，但随后会因为入不敷出而逐渐增加各种套路和门槛，使用户真正能拿到的金额急剧变少。用户并没有从中获得可持续的补贴降低替换成本，导致这些红包很难做出效果。所以，即使各种玩法、规则和激励机制都做得非常好的趣头条，也不得不面对这样的困境。而拼多多这类电商的红包是可以用来激励用户完成购物的，因为它能和电商的核心业务相契合。最终，这些红包会通过各种手段转化为用户消费，闭环到业务内。而且，红包并没有直接发现金，因此风险更可控，这就可以持续发放能够吸引用户的红包金额。众所周知，拼多多的红包还非常巧妙地借助微信的社交关系网进行了疯狂的裂变。通过家族微信群、朋友圈，拼多多从原来的"电商荒漠"中获得了大量的新用户。

再后来，拼多多的百亿补贴策略深入人心。通过将苹果手机这样的品牌爆款低价出售，拼多多不断将潜在用户群从最初的下沉市场转到学生群体和年轻上班族。可见，红包、降价都是拼多多通过持续提供补贴、降低替换成本获得用户的有效手段。

综合新旧体验差和替换成本两个要素，我们来看一则反例——丰巢快递柜收费事件。

2020年5月初，丰巢快递柜开始对存放超过12个小时的包裹收取保管费，同时推出开通会员免保管费的策略。

就新旧体验差而言，快递柜相对于送货上门并未给大多数用户带来方便：第一，出门取件麻烦，尤其是一些重件；第二，当家人帮忙去取快递时，准确找到快递柜并完成输码取件很麻烦；第三，维护不善的快递柜让取件过程困难重重。就替换成本而言，快递柜不仅没有降低替换成本，反而增加了替换成本：首先是花费时间成本，自己出门去拿；其次是增加学习成本，需要克服取件过程中的糟糕体验；最后是如果有事耽搁或忘记取件，甚至还需要为超时包裹付保管费。此外，会员免保管费听起来就像视频App会员免广告一样符合逻辑，但问题也很明显：如果不是用户要求使用快递柜保管，这个保管费就完全站不住脚。最终，既损伤了用户体验，又增加了替换成本，丰巢快递柜此举受到用户、媒体一边倒的批评就不意外了。

提升新旧体验差，降低替换成本，直观地呈现了提升用户价值的两条路径。除此之外，还有一个略显抽象、用户价值公式无法覆盖的价值提升视角，就是第1章中提到的网络效应。网络效应的形成需要在最初就设计好产品或服务的运作模式。社交产品具有天然的网络效应，而只要产品或服务存在双边、多边关系，也都有潜在的网络效应。除了前文已经介绍过的短视频生产者和消费者间的双边关系，还有在线教育（学生与老师）、直播（主播和观众）、导购（买手和顾客）、游戏（玩家之间组队或竞技）甚至智能家居（智能家居之间互联）等都存在网络效应的可能性。建立和强化用户之间的连接，是形成网络效应和提升用户价值的有效途径。

产品能否持续提升用户价值，既是挑战，也是持续获得用户增长的前提，而时刻思考"这样做是否能够提升用户价值"可帮助我们找到用户增长的大致方向。为了更好地明确用户增长的方向，企业还需要关注宏观机会，借助势能以求事半功倍。

2.1.2 利用宏观机会

根据工信部发布的数据，截至 2019 年 9 月底，我国 4G 移动用户占比已经达到 79.1%，预计 2020 年底 4G 和 5G 用户占比可达 90% 以上。与此同时，三大运营商均大幅调低资费，头部互联网企业纷纷与运营商合作推出免流量卡，如腾讯王卡、京东强卡等。高速、低价的移动网络与室内免费 Wi-Fi 无缝衔接，将移动互联网的消费场景进一步延伸。在这种趋势下，用户能够在火车上看短视频、在户外直播、在公交车上刷剧。可以说，短内容消费进一步将我们碎片化的时间填满。根据 QuestMobile 发布的数据，截至 2019 年 11 月，我国移动互联网用户的日均消费时长已高达 6.2 小时，并以超过 10% 的年同比增速继续增长。

面对移动互联网消费场景扩展、消费时长显著增长的新趋势，我们应该如何把握好呢？仅仅是技术侧的革新和普及就足以支撑用户增长吗？我们不妨先来看两个案例。

19 世纪中叶，蒸汽机就已经应用到工业。到 20 世纪初，美国已经能够用蒸汽机替代马匹成为主要的运输动力。然而，蒸汽机却并没有普及，真相很残酷：蒸汽机自身太重，普通路面无法支撑。此外，另一个重要原因是来自民众的抗拒，蒸汽机的噪声与其散发的浓烈黑烟使人们宁可忍受道路边无数的马粪。

同样是在 20 世纪初的美国，大型家电的价格已经低到了可以普遍民用。尽管美国人很懒，却还是无法产生洗衣机等家电的购买热潮。原因也很简单：这些电器的功耗过大，当时的线路无法承受，甚至还没有产生标准化的电流电压及插头插座。

这两个案例告诉我们，宏观的增长需要很多条件。除了技术的成熟，还需要考虑到两个重要的因素：用户的意愿和生态的完善。用户的意愿决定了技术应用能否被广泛接受，而完善的生态才能保证技术的大规模应用。旨在做用户增长的我们则需要通过对用户意愿的理解做到及时明确产品方向，并努力完善上下游和生态，尽快抢夺趋势红利。

我们再来看看如火如荼的内容消费领域是如何迎合用户意愿、如何进行生态完善的。

信息爆炸让多数用户在消费信息时的耐心变差、专注力下降，更偏好简单、直接的信息传递形式。越来越多的用户不喜欢看书，不喜欢阅读长图文，更偏好简短、直接、节奏快的碎片化内容。随着 4G 网络和智能手机的普及，内容消费场景得到了极大的拓展，时间充裕的群体更有机会成为移动互联网的重度用户。此情此景之下，可以说用户规模暴涨已经万事俱备。

短内容通过极低的消费成本，很好地迎合了大部分用户的意愿。如之前提及的：短视频的内容获取成本极低——无须搜索，只需要刷一下，停不下来；完成消费的成本极低——沉浸式，不易跳出，好的内容甚至会连续看多遍。同样，直播的内容获取成本也很低——打开 App，直播入口就在显著位置；而完成消费成本甚至低于短视频——直播的内容相对碎片化，无须一直观看，当完成感兴趣的部分消费时，可以随时退出直播间。从内容本身看，短内容所承载的信息量相对小，以娱乐、消遣为主，以单点信息为主，用户可以不费脑子轻松消费，这也迎合了用户碎片化的消费意愿。

在不断迎合用户消费意愿的同时，内容平台也不断完善内容生态，并且向继续降低内容消费成本的方向推进：App 更好用，推荐更精准；简单易用的工具让内容更易创作，优质内容更易传播；优质生产者获得大量物质激励，甚至可以轻松地以此谋生，创作变得可持续。平台也通过各种流量扶植和资源倾斜，吸引越来越多的草根内容生产者，并且着力促进用户间的社交连接，形成用户间的网络效应。

从内容形式上迎合用户消费意愿，满足用户碎片化消费的时间需求、场景需求；在平台策略上不断发力激励生产者产出更多优质内容，促进内容生态的繁荣。这两方面的双管齐下共同带来了短内容领域用户规模和时长的暴涨，呈现巨大的商业空间。基于以上两点，短内容领域的抖音和快手成功地把握住了4G及智能手机普及这个宏观机会。

转换维度，我们可以看到另一个宏观机会——下沉市场激活。下沉市场泛指三线及以下的城市、小镇和乡村，这里越来越多的用户开始使用智能手机，他们使用移动互联网的迫切需求正在被广泛激活。截至2020年3月，下沉市场已经拥有7亿人以上的用户规模。这些用户中的大部分是通过手机首次使用互联网，没有桌面互联网延续下来的使用习惯和局限。如果能满足如此巨大规模用户群体的基础需求，企业自然就能获得不错的用户增长。

面对下沉市场激活的大趋势，企业又需要如何顺应用户意愿、完善生态呢？

拼多多就从网络购物场景成功切入了下沉市场。购买商品的需求普遍存在，在一二线城市以外的很多地区，各类中小型菜市场、卖场依然是老百姓购物的主要场所。在稍微偏远的山村和乡镇，便利店和超市还不普及，当地依然会固定某个日期作为赶集日。赶集时，衣食和柴米油盐等商品由外来小商贩和当地普通农民提供。商贩们自发地在街边摆摊等待顾客询价。顾客则穿梭于集市，挑选合意的商品并开始讨价还价。有时候能看到两个互不认识的顾客临时结伴，以多买、合买为由向商家进一步砍价，而商家为了一次多卖也能接受稍低的价格。集市通常从早上7:00就开始，持续到下午6:00结束。集市里没有购物车，没有收银台。顾客更多关注的是商品，而非店铺；关注商品的性价比，而不是品牌。这个景象其实就是拼多多的线下版（见图2-2）。

拼多多将乡村集市搬到了手机上，很有趣的是它的整个购物流程中没有购物车。用户在信息流中看中商品，点击后就直接进入详情页，选择单独购买或发起拼单，也可以直接拼单。很多商品价格已经足够低廉，顾客发起拼单后则价格更优惠。为了以拼购价购买商品，用户会拉上亲朋好友一起购买，这就是拼多多切准下沉市场的关键点。这个简单的购物逻辑深为线下赶集用户所接受，他们从电商零经验到完成第一单购物的成本极低，再加上利用微信登录和微信支付，购物路径中的各个难题就有了轻巧的解法。就这样，拼多多把更追求性价比的海量顾客与海量低价商品做好连接，再通过拼购、红包、砍价等营销手段一跃进入电商份额中的前三名。

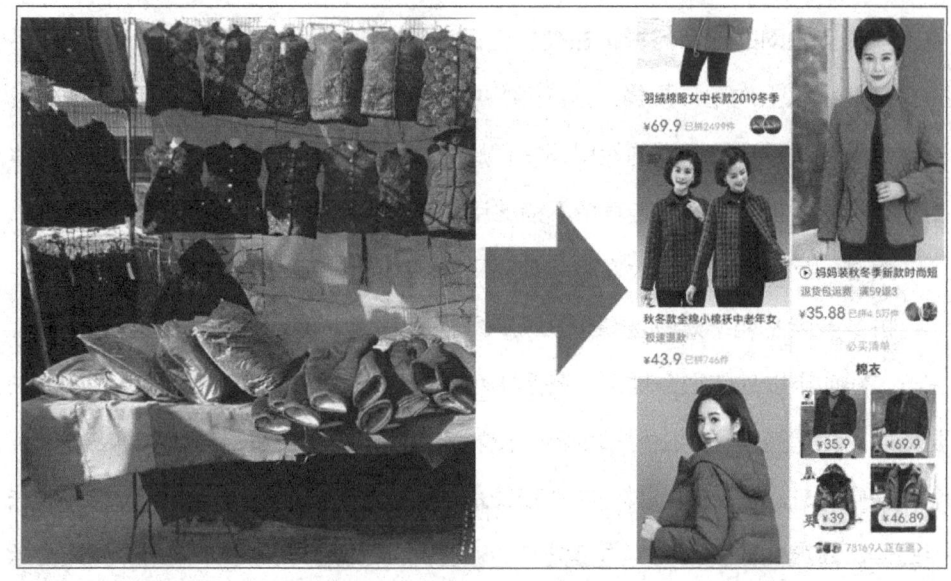

图2-2　拼多多将乡镇集市做到线上

快手则是从内容消费切入下沉市场。不管身在何处，无关身份地位，人们都有展示生活和获得关注的需求。快手的主张是让每个人都有自己的舞台，让下沉市场的用户可以轻松拍摄自己烧饭做菜、上山采摘、赶海捕鱼等生活点滴。这让观众们更有代入感，愿意持续观看内容并关注主播。如前文所说，短视频和直播这种内容形式的消费门槛很低，相比图文阅读，用户的接受程度更高。顺应了"移动互联网下乡"的大趋势，凭借清晰的价值主张，又能同时满足内容生产和消费的两端用户，快手在2019年末将日活用户数提高到了3亿的规模。在短视频领域，快手与抖音双头并立，并且都有非常高的用户留存。

借助宏观机会的案例还有很多。例如，2020年初的特殊时期，全社会对居家办公和线上教学有极高的诉求。在这个短期宏观势能下，钉钉、腾讯会议、ZOOM 等线上会议及办公软件收获无数用户。众多在线教育平台也是这段时间获得了大量新用户，并逐步被大家认可。

然而，宏观机会只是必要条件，顺势而为、借助势能找到增长方向才是增长与否的关键。对宏观机会的准确把握，能够让用户增长工作在上升的趋势中进行，能够借助势能获得效果的加成；反之，则可能会事倍功半，并且无法保证中长期收益。

2.1.3　优化商业模式

从零开始构建一个商业模式过于宏大，可遇却不可求。而用户增长则可以着眼于现有商业模式的局部进行创新或优化。具体地说，就是补齐商业模式中的短板，或者消除制约商业逻辑正常运转的障碍。

以时下最火的内容消费生态为例，其商业模式包含 4 个主要群体：(1) 内容生产者，负责将内容输出给内容分发者；(2) 内容分发者，负责连接内容生产者和消费者，提供内容消费的场所；(3) 内容消费者，就是大众用户；(4) 广告主，是整个商业模式中资金流的最初提供者。

商业模式中的资金循环如图 2-3 所示，大部分资金首先由广告主通过广告投放流转给内容分发平台，小部分则是通过内容里的广告植入直接提供给内容生产者。内容分发平台会购买版权支付给生产者固定费用，或根据内容消费情况（一般按播放量）给生产者支付流量分成。消费者在分发平台消费时，一部分直接支付了会员费等增值服务，另一部分则产生广告转化的消费，资金最终回流到广告主。

这个商业模式已经运行了很多年。国外的 YouTube、Netflix，国内的爱奇艺、优酷、腾讯视频等大致都是如此，主要差别在于各部分资金构成有差异。短视频平台的兴起为这个商业模式添加了新的元素，图 2-4 所示的内容生产中除了传统的明星IP和传统影视传媒以外,还衍生了众多MCN、个人KOL(Key Opinion Leader,意见领袖)、KOC(Key Opinion Consumer,消费领袖),以及草根创作者。其中,MCN是一种多渠道网络的产品形态,它将用户产生的内容联合起来,在资本的有力支持下保障内容的持续输出,最终实现稳定变现。

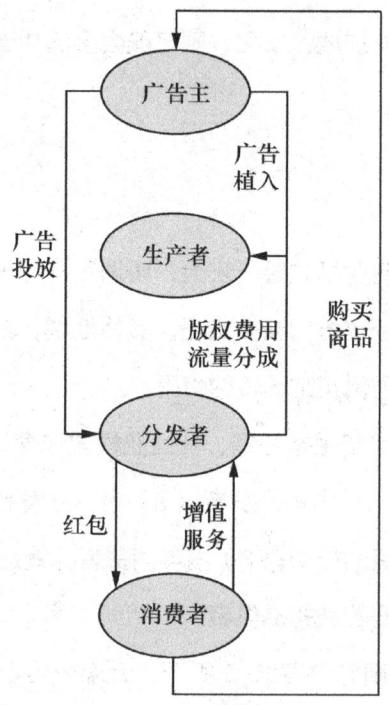

图2-3 内容消费商业模式中的资金流向示意图

这些生产者的出现让内容生产端空前繁荣。广告主乐见其成,因为多元的内容可能带来更多、更精准的广告载体;内容分发平台也乐见其成,因为内容的多元性和低门槛可以满足更多内容消费者的偏好;内容消费者对于草根内容的接受度也非常高,除了上面提到的会员、广告消费以外,他们还为这个商业模式的现金流贡献了第三种资金——互动消费。例如,快手的主要收入就来源于直播业务产生的打赏分成,2019年这部分收入规模达300亿元,占据其总收入的60%以上。

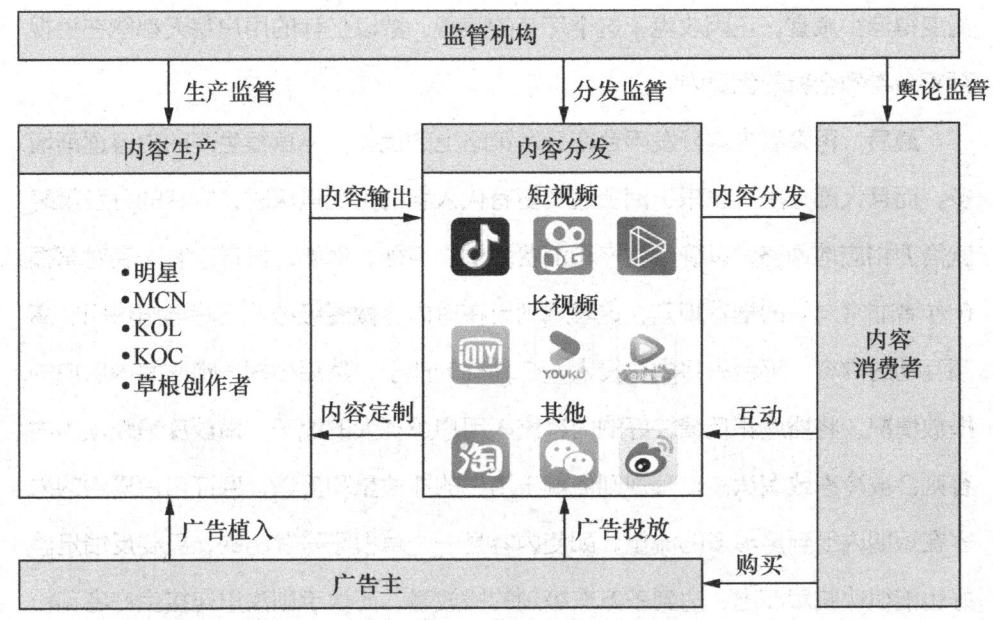

图2-4 内容消费生态示意图

在这个商业模式中,我们可以发现内容生产环节起到了至关重要的作用。

首先,短视频平台通过引入大量的内容生产者弥补了内容不足的短板。由于短视频的消费频次高,消费时长短,其用户对于新奇、热门、有趣等元素的要求非常高,需求量也非常大。因此,大量、优质、能被用户喜爱的内容是这个商业模式能否跑通的关键。而这个关键的内容源泉主要就交给了 MCN 及大量的草根创造者。

其次,这些商业模式中的新角色(尤其是草根创作者)需要更简单的生产工具,或更专业的制作包装。从内容分发平台的视角来看,一旦帮助草根创作者跨过"拍好视频"这个门槛,多元化的内容就会喷薄而出,进一步吸引更多消费者。所以,针对这个环节的优化正是用户增长的关键点之一。于是,短视频平台发力补齐内容生产端的短板,包括强大的视频编辑工具和滤镜。例如,抖音推出了官方的视频拍摄和剪辑工具——剪映,同时在主 App 中也不断优化拍摄功能。这一系列的产品策略让拍摄视频、剪辑、配音乐、加字幕等之前有专业门槛的事情变得老少咸宜。正因攻克了这个环节的障碍，数以亿计的用户每天都能在短视频平台看到全新的优质内容。

最后，再来看内容分发平台在分发策略上的优化。当草根生产的内容逐渐增多，而且大部分用户也乐于消费这类更有代入感的生活点滴时，内容的分发策略就需要相应地调整，以确保生产和消费间供需平衡。例如，抖音就有一套对草根创作者非常友好的推荐规则，这套规则旨在对内容做逐级推荐，筛选出热门、高频互动的内容。平台先将内容投入一个基础的池子，然后根据一定时间内用户的播放情况，将播放和反馈较好的内容流入用户量更大的池子；播放反馈较差的内容则会被冷冻或淘汰。这套规则依赖于用户的播放量和反馈，保证用户喜欢的内容在短期内得到足够多的流量。即使内容是一个草根账号发出的，只要反馈足够好也能很快脱颖而出，达到千万次级别的播放量。而快手则注重连接生产者和粉丝，确保粉丝第一时间通过最低门槛看到关注主播更新的内容和直播。在首页推荐中，快手会提升主播新内容的推荐权重。无论侧重点在哪里，短视频平台都保证了内容的多元性，通过推荐算法促进优质草根内容曝光，保证内容生产者的积极性。

综上所述，商业模式中内容生产这个关键环节的短板和障碍都得到了很好的处理，促进了用户规模、用户时长的显著提升。截至 2020 年 1 月，抖音的月活跃用户数已达 5.5 亿，快手的月活跃用户数已达 4.7 亿。

如果说以上案例是被动修复短板，那么还有些案例是通过主动出击进行降维打击，如电商和本地生活商业模式。电商代表有阿里系、京东、拼多多，本地生活代表有滴滴、美团、饿了么。这两种商业模式都以 B2C 为主，其中一个重要的资金流向是平台向 B 端（包括商户端、司机、骑手等）收取佣金。平台提供了撮合供需的机会，消耗了不菲的带宽成本和其他运营成本，收取佣金是无可厚非的。而佣金比例是 B 端获得收益的最大影响因素，也是 B 端用户是否迁移的关键。所以，历年来每次电商大战、外卖大战、打车大战，平台都将减佣金、免佣金作为杀手锏。

多年前，淘宝最先利用免佣金策略实现降维打击，迫使 eBay 最终退出我国市场。现在，拼多多几乎以相同的方式（零服务费和零佣金）从阿里系吸收了海量草根商家。草根商家无力购买阿里站内的广告，在淘宝也很难获得足够的自然流量。但是，他们能够提供廉价的非品牌商品，在这一点上很好地满足了拼多多的受众。上线以来，拼多多一直延续零佣金和零服务费的策略，使淘宝中尾部商家不断流向自己。拼多多的财报数据显示，截至 2020 年 5 月，其月度活跃商户已达 500 万家。

更具吸引力的佣金规则是短期内获取大量 B 端用户的最有效手段，但用户增长更关注的是长期效果。降低佣金后平台能否通过其他资金链路补回这部分成本，是未来成败的关键。2018 年初美团和滴滴之间的打车大战中，美团主要使用免佣策略，但最后没能坚持下来，说明这种极端手段的风险的确极大。现在拼多多挑战阿里系的故事仍在继续，其商业模式也还在验证中。2019 年拼多多的广告收入达到 300 亿元，占整体收入的比重达到 80% 以上。对于电商大战的长期成败结果，我们拭目以待。

对目前商业模式的创新和优化，我们能够发现一个收效明显的增长方向。它和宏观机会相辅相成，但同样都只是实现用户增长的一个必要非充分条件。由于操作起来成本往往较高，且伴随高风险，所以需要决策者慎之又慎。

通过对用户价值提升、宏观机会洞察和商业模式优化的思考，我们能够确认用户增长的大方向。下一步就需要找到具体策略的切入点，以使将其快速落地、看到收益。

2.2 通过数据驱动找切入点

通过数据驱动找到策略的切入点，是用户增长区别于传统运营的重要特点。

数据驱动主要涵盖三个阶段。第一，明确增长目标，后续策略围绕提升这个目标展开。第二，找到策略切入点，或基于对因果关系的剖析，寻找用户核心路径的断点，尝试修补；或基于相关性找到与增长目标高度相关的用户行为，尝试干预。第三，形成增长假设，设计和展开实验，验证假设。

2.2.1 确认增长目标和增长模型

很多互联网企业都通过北极星指标的制定来确定增长目标。北极星指标通常选择一个最能表现业务价值的指标，并通过一些制定标准确保选择的指标具有北极星一般的指示意义。很多与用户增长相关的图书中都有详细的介绍，此处不再赘述概念，重点说明如何将北极星指标向下拆解，直到足够引导我们完成初步策略的制定。

拆解目标通常可以使用杜邦分析法将北极星指标拆解为多个因子，因子之间具有数值关联性，通过某些方式最终可计算得到北极星指标。很多时候，这些拆解后的公式也被称为"增长模型"，用来指导策略的设计和落地。这里所说的增长模型相对狭义一些，可以具体理解为一个等式。

这里先以用户增长中使用最广泛的 DAU 为例进行北极星指标的拆解。1.4.1 节介绍了把 DAU 看成一个容器，通过流入流出视角产出的一种 DAU 拆解的方式，下面再介绍一些其他拆解视角。

首先看新老用户视角，它和流入流出视角类似，但相对简化。先把 DAU 简单划分成 3 份："新用户"即当日新增，"老用户"即非当日新增，剩下的是"其他"；可以得到今日 DAU 如下：

$$今日DAU=昨日新用户 \times 新增次日留存率+昨日老用户 \times 活跃次日留存率+其他$$

这个等式右侧主要有 5 个变量，可将已知的量代入等式，再结合目前的经验推知提升哪个变量能够获得较大的收益。例如，某 App 的老用户占比 70%，提升 1 个百分点的次日留存，DAU 的增量 $=0.7 \times 1\%=0.7\%$；假设新增用户占比

10%,提升1个百分点的次日留存,DAU的增量=0.1×1%=0.1%。等式中的"其他"一项包含今日新增用户,以及昨日未活跃但今日回流的用户。假设该App的这部分用户为20%,提升1个百分点,DAU的增量=0.2×1%=0.2%。在实际工作中,上述数值可以按照各部分的实际比例进行替换。

通过新老用户视角可以明确看出,如果想通过提升用户留存来提升DAU,工作重心应该放在哪一个群体上。需要注意,如果"其他"这一项占比非常大,则往往意味着这个App还处在成长初期,在做好留存的前提下还需要发力在新增和沉默用户唤醒上。

通过这样的拆分,与一个笼统的提升DAU的目标相比更具指导意义。

然后从活跃度视角来看。以DAU为北极星,如果仅关注活跃用户在某天的留存率是不够的。在一段时间内,影响DAU的关键因素是用户活跃的天数。所以,活跃度可以用活跃天数来表示,以便于DAU直接在数值上形成关联。从WAU来看,DAU=WAU×周活跃天数/7;从MAU来看,DAU=MAU×月活跃天数/当月天数。在这个视角需要重点关注如何提升"活跃天数"。以周活跃天数为例,先看活跃天数的水平有多少提升的空间:可以将用户按照周活跃天数进行分层,看均值情况、各周活跃天数用户的分布状况;之后要确认重点提升哪一部分人群(例如,是周活跃1~2天的,还是3~4天的)的量,以及通过什么策略来提升。

最后看另一个常见的北极星指标——商业收入。指定时间内的商业收入通常拆解为用户数和单个用户收入贡献(Average Revenue Per User,ARPU)的乘积。由于用户规模见顶,而时长是新的增长方向,所以商业收入也会拆解为单位时长收入与时长的乘积。商业模式或盈利方式有所不同,决定了收入目标的拆解方式。例如,信息流服务的主要收入来自穿插在信息流中间的广告,每次阅读几条图文信息或观看几条视频之后就会出现一条广告内容。用户消费时长越长,刷新次数越多,能看到的广告也就越多。所以,信息流产品的收入更倾向于拆解为时长 × 单位时长收入。而直播产品的收入主要来自用户对主播的打赏分成，通常一定时间内单个用户能够打赏的金额存在上限，所以需要尽可能多地吸引付费用户，其商业收入可以拆解为付费用户数 ×ARPU。

上述拆解方式可以帮助我们找到大致的方向，判断增长策略需要先对哪一部分人群发力。同时，这样拆解也把北极星目标拆解成若干更前置、更灵敏、可以和策略产生关联的小指标。通过拆解，我们可以清晰地认识到"若想提升 DAU 或收入，必先提升某某指标"，这样就可以明确指导接下来的策略制定了。

2.2.2 找用户核心路径的断点

明确增长目标并完成初步拆解后，我们就可以围绕一个问题来找策略切入点了：为什么用户没有完成某某行为？例如，我们通过拆解 DAU 知道提升它的关键在于提升活跃用户的次日留存，就可以反向思考这部分用户为什么没有在次日留存下来。那么，从用户视角来看，一定是使用这个 App 的核心路径上出现了某种断点导致用户流失，甚至一些用户就完全没有产生使用的意愿。

策略的制定，更容易见效的方式就是针对用户核心路径上的问题对症下药。核心路径是指用户接触、使用产品或某个功能的必经之路。一旦核心路径出现断点，就会影响后续各个环节的转化率，最终影响关键指标的提升。我们优先要做的就是通过因果分析，找到影响这些关键指标的负面因素并设法排除它。

在针对核心路径断点进行优化的案例中，"淘口令"是经典代表。"淘口令"是淘宝为了绕开微信环境中的分享阻断进行的经典攻防。通过社交传播商品信息，这种口口相传的方式可以大大缩短用户的购物路径。由于众所周知的竞争关系，腾讯不会放任淘宝链接在微信环境中随意分享传播，所以对含有与淘宝相关域名的链接进行了屏蔽，这就将"口口相传"这一核心路径切断了。于是，淘宝巧妙地将链接设计成一套乱码——"淘口令",引导用户在微信中复制(见图2-5),并在打开淘宝时自动识别该口令,以弹窗形式显示入口,或者直接跳转到对应商品的详情页。这个方式成功克服了分享路径的断点,使最主要的分享链路得以维持。

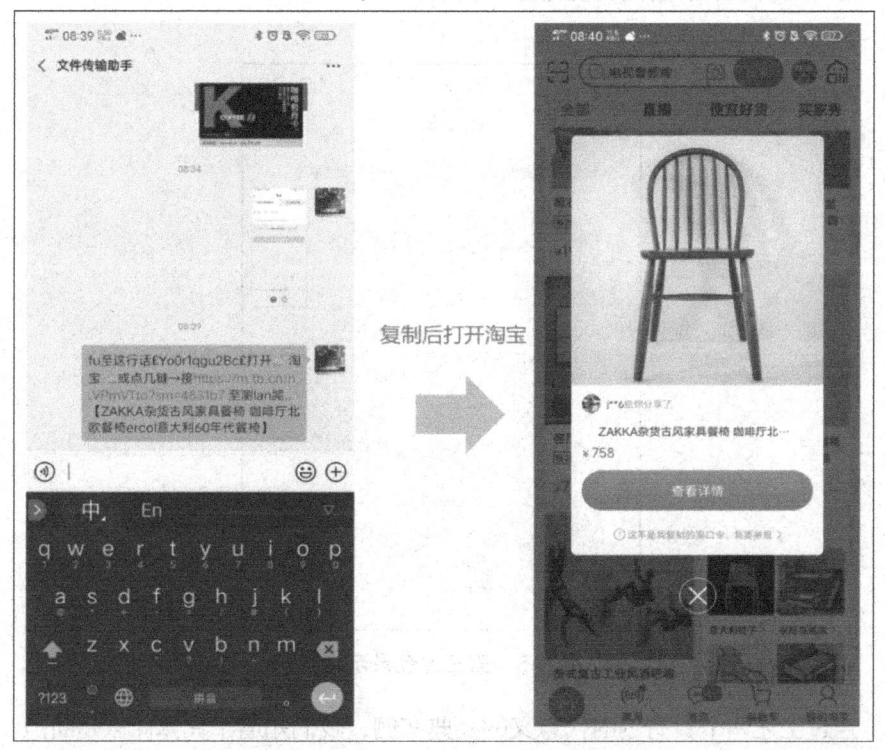

图2-5 "淘口令"示意图

另一个经典的案例是"第三方账号登录"。用户在使用产品的过程中,产品经理非常希望用户完成注册。因为注册能够让用户和产品之间建立更深的关联,能够给用户提供更多高级服务(如云同步)和用户资产(如积分和金币),极大地提升用户的黏性。然而,与微信、QQ、支付宝等强登录产品(不登录就无法使用)不同,多数产品尤其是一些工具型App并不要求登录才能使用。而如无必要,用户一般不会主动完成注册、登录等烦琐的任务,这个断点就造成了用户登录率极低。例如，浏览器、手机管家这类工具型 App 的用户登录率一般只有 20%～30%。提升登录率以进一步提升用户的长期留存是这类 App 的一个增长难题。当微信开放了登录接口之后，这个问题就有了很好的解决方法。用户只需要在登录的界面点击使用微信登录（见图 2-6），借用微信的 ID 体系就可以让用户不必完成复杂的注册而转变为登录状态。

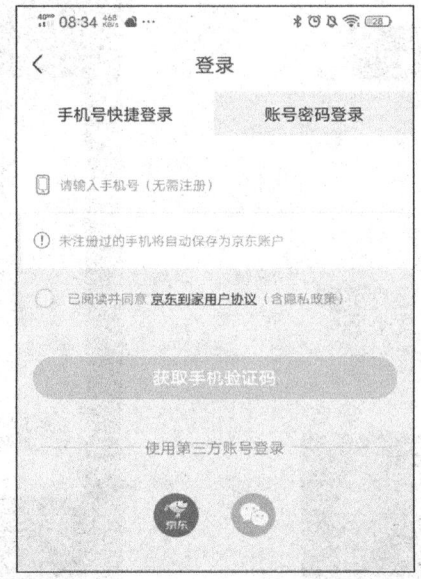

图 2-6　第三方登录示意图

通过上述两个具有划时代意义的经典案例，我们知道了具体什么是断点。在用户增长工作中，很重要的一部分投入就是找到断点和定位原因。在寻找断点时，优先推荐基于产品逻辑推演或从用户反馈中直接找到原因。定性的方法是找典型用户（如占比最多的用户、反馈用户）做路径分析去发现问题；定量的方法则可以通过最直观的漏斗分析来定位用户路径中的断点，以及用户在该点的流失情况。

（1）依靠反馈和经验定性问题

从用户反馈中得知产品某个功能不好用、某个环节有问题，是最直接的获得问题的途径。尤其是当多位用户反馈同一个问题时，说明这个问题指向了一个明确的断点。例如，某些发优惠券的活动页面用硕大的弹窗提示领优惠券，点击领取按钮时提示"已领完"；或者某些激励任务完成后打开红包发现得到的是一个空红包。这些在产品流程中不算是大问题，技术侧一般也不会关注，但这些问题都极大地伤害了用户的积极性，直接影响了用户留存和潜在的口碑传播。因此，产品经理需要在活动页面中保证有实时反馈的入口，并关注用户反馈，尽可能快速修补问题。

另外，产品经理还可以通过同类策略的以往经验来判断是否存在问题。例如，一个每周五发优惠券的活动，通过数据监控发现本周的优惠券领取量明显低于前一周，这就需要及时检查核心路径上是否存在问题。如图2-7所示，核心路径中的关键点包括App首页、首页领券页面入口、领券页面、领券按钮各个环节的用户数（UV），以及App当日的活跃用户数。

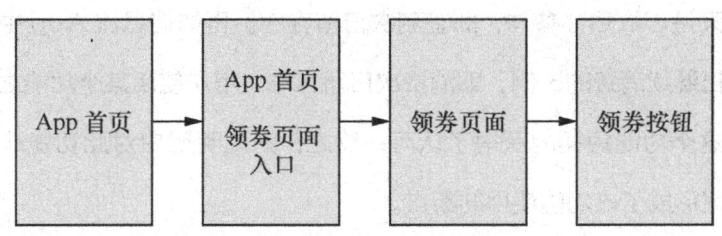

图2-7　优惠券策略的核心路径示例

每一个关键点都有历史数据或经验可以参考，方便快速确认哪个环节出了问题。这是一个最常用的漏斗分析，它简单有效，最大的成本在于如何快速地整合各个环节的准确数据。

（2）与预期对比定量差距

明确核心路径断点是为了找到提升关键指标的针对性策略。一条路径可能存在多个断点，找到断点之后需要量化其可优化的空间，据此决定策略的优先级。继续以图2-7所示的"周五发优惠券"为例，假设发现同比上周五领券按钮点击 UV 下降了 20%，领券页面 UV 下降 10%，App 首页 UV 下降 2%，当日活跃用户下降 1%。我们从数据中需要判断哪一个环节偏离预期最大、原因是什么，以及是否有办法修补。在这个案例中，App 当日活跃用户数和首页 UV 下降均不明显，可能属于正常波动；领券页面 UV 下降了 10%，很可能是因为首页上线了其他策略产生分流，也可能是领券入口样式做了调整导致点击率下降。我们进一步还发现领取按钮的点击 UV 下降了 20%，一方面是因为入口流入的用户减少 10% 所致，另一方面有可能是每周发券这个固定策略持续时间过长导致效果衰减。所以就这个案例而言，我们需要重点关注领券页面入口点击和领取按钮点击两个断点。

（3）与行业标杆对比定量差距

如果分析的功能或模块是行业内通用的，可以找到一些标杆来衡量是否存在断点。例如，"签到 N 天领现金红包"这样的功能需要关注用户在完成第 1 天签到的后 1 天是否依然会参与，即签到次日留存率。再如信息流 App 中，当日消费用户次日继续消费的比例，即消费次日留存率。用户使用某个功能之后继续使用，表示这个功能短期内获得了认可；反之，则说明用户对此功能缺乏有效感知，在这里形成了该功能使用的断点。

通常这类断点不好衡量，因为功能留存率因 App 而异，没有数据可以参考。这就需要拓宽信息来源，一方面可以设法向行业内、企业内做类似功能的同行咨询，获得一手信息；另一方面查阅一些公开资料获得参考。一旦发现关键指标明显低于行业或相似产品，我们就需要及早对这个断点重视起来，进一步确认造成差异的原因。

以上是确认核心路径中断点的一些代表性方法。在确认断点后还需要进一步挖掘产生断点的原因，以便设计出有针对性的解决方案。很多时候，我们并不能找到明显的断点或问题，就需要主动寻找增长机会，这就涉及相关性分析。

2.2.3 找用户行为和增长目标的相关性

相关性分析可以帮助我们找到与增长指标高度相关的用户行为,从而把策略定位到提升该行为发生的概率或频次上。与直接定位因果关系的方法不同,相关性分析提供的是一种可能性。所以,即使提升了相关指标,增长指标也不一定会提升(需要实验验证),但是它仍不失为一个探索突破口的好方法。

以提升 DAU 为例,假设经过目标拆解得知,某 App 提升 DAU 的关键是要提升活跃用户的次日留存,这就可以再进一步分析活跃用户的哪些行为与其次日留存具有相关性。相关性分析可以通过简单的线性拟合完成,也可以通过模型来寻找"魔法数字"。

(1)线性相关

基于对产品和用户的理解,我们可以筛选一些能够影响用户次日留存的用户行为,与次日留存进行线性拟合。例如,对于一款内容消费类 App,当用户产生持续消费的习惯时,才会在第二天继续打开 App 进行内容消费。那么,用户在活跃当天的消费时长、消费深度、互动次数等就应该代表了用户对该 App 的喜好程度。这样我们首先应筛选消费时长、图文阅读篇数和视频播放次数。

在这个案例中,相关分析的目标是得到一个次日留存与行为指标的相关性。首先,需要圈定一系列在该行为指标上呈现梯度的人群,例如,按照消费时长划分。然后,分别求取这一系列人群的消费时长均值,作为横坐标;再求取这一系列人群的次日留存率,作为纵坐标。最后,绘制散点图得到图 2-8 中的结果,即消费时长与次日留存的相关性。

图 2-8 是一个线性拟合的结果,可以通过相关系数(通常使用 Pearson 相关系数)来评估相关性。我们可以通过工具(Excel、SPSS 等)直接求得相关系数 r,并且进行相关假设检验。我们在进行相关性分析时,通常是从总体中抽取一部分用户作为样本来进行分析,由于抽象存在随机误差。当样本数量很少时

（即图2-8中散点很少时），相关系数有一定的偶然性，尤其是一些极端值会极大地影响相关性的结论。例如，我们随便找3～5个散点，很有可能都会得到这些散点具有高相关性的结论。

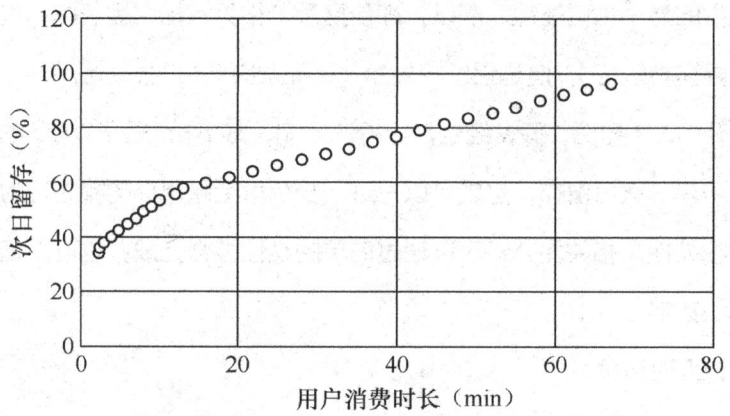

图2-8　用户消费时长（横轴）与次日留存（纵轴）的相关性示例

通过假设检验，可以判断样本有相关性是否能够推知总体也有相关性。通常，为了保证置信度，需要足够多的散点数量，具体数量和r值有关。相关系数的大小可以用来帮助判断该行为指标提升之后，有多大可能性拉动增长指标的提升。线性相关中，相关系数r的平方又称决定系数r^2。决定系数即我们能够借助相关性、以一个变量准确预测另一个变量的概率。

这个案例中，通过相关分析得到留存率与上述3个指标的相关系数后，得出与次日留存相关性更好的行为指标，可以优先将增长策略明确到提升这些行为对应的指标上。再次强调，相关分析的结论只是给我们提供了一个假设，只能理解为"通过提升该行为指标，大概率可以提升增长指标"，但最终是否真能够提升还需要通过实验来验证。

（2）魔法数字

除了通过线性拟合的方式计算相关性，还有更开放的办法——魔法数字。魔法数字本质上也是分析行为特征与增长指标的相关性，与线性拟合不同的是，其不需要在分析前选定某些行为指标,而是将大量行为特征输入模型去做分析。最终,在行为特征与增长指标的二维坐标中呈现的拐点就是魔法数字。这个拐点表示一个阈值,可以解读为一旦行为指标达到这个阈值,用户的增长指标将会出现跃升。

顾名思义,魔法数字就是将相关性分析的步骤描述成"魔法"一样的黑盒,只给我们看到最终的结论。例如,分析发现只要用户消费时长达到 5 分钟,其次日留存的概率将显著增大。这个"5 分钟"可以作为一个牵引指标指导具体策略的制定,目标就是通过一些产品、运营策略将人群的消费时长向 5 分钟提升。

和线性拟合一样,魔法数字也是一种相关分析,所以实验结果才能验证它的有效性。魔法数字在我们无法找到有效策略切入点的初期尤其有用。

2.2.4 形成增长假设

基于因果性、相关性的分析结果,就可以得到具体的增长假设。为了保证假设的目的性,可以由增长目标反推来描述。我们继续以提升 DAU 为例,介绍如何形成增长假设,以下样式可供参考。

增长目标:提升 DAU。

子目标:提升活跃用户次日留存。

关键结果:通过提升活跃用户消费时长和 PV,拉动用户次日留存提升。

主要假设:

(1)提升活跃用户消费时长,能够强化其使用 App 消费的习惯,并因此提升次日留存;

(2)提升活跃用户消费 PV,能够提升用户的消费深度,并因此提升消费频次,最终提升次日留存。

实验要点:

（1）验证推荐热门视频和长图文，引导用户完成5分钟消费后，是否能提升次日留存；

（2）验证增大相关推荐的曝光区域，是否利于提升PV及次日留存。

完成上述增长假设的制定后，大家就可以分头推进了。为了更科学、高效地完成假设验证，这些事项需要团队作战，也就是需要一个具备产品、运营、分析师、开发资源闭环的增长团队。只有这样才能够保证目标的高度统一，保证上述策略得以高效地被执行。

2.3 巧用营销策略提升指标

如前文介绍，在用户增长的全局视野中，营销策略是冰山顶端，也是大众视野唯一能直接看到的部分。所以，在用户增长工作中，我们希望营销策略能集中地将我们对用户价值的分析、对宏观机会和商业模式的把握及在数据驱动中的洞察，以用户易于接受的形式呈现出来。营销策略并不能被狭义地理解为销售技巧，在互联网产品中，只要用户能够看到的应用图标、页面、图片、按钮、文案甚至一些轻微的动态效果，都存在营销策略的机会点。而营销策略的直接目的是提升转化率，且不仅着眼于当前环节（如某个按钮的点击率、某个裂变的扩散比例等），更应该着眼于整体和长期效果。

无论业务多么复杂，根据用户增长中制定的目标，通常都可以将增长策略划分为三个大类：拉新、拉活及变现。拉新包括新增用户激活、新增用户留存；拉活包括用户活跃度提升、用户时长提升；变现包括广告收入提升、商品收入提升。与这些增长目标相关的营销策略几乎遍布我们的日常生活。

从用户增长的全局来看，所有营销策略都在围绕一个核心服务，即如何将"用户价值提升"这个信息传递到位。让用户知道使用某个产品或服务能够在某一方面得到提升,这是拉新和拉活的关键。让用户知道反复使用某个产品或服务能够持续获得价值提升,就传递了一个持续、高频使用的理由,自然能够带来用户活跃度的提升。同理,只要能真诚地让用户知道必要的广告收入是企业提供高质量服务的保障,并尽可能让广告服务于目标受众,用户自然也会更易于接受广告。而说清楚付费之后能够得到的特权和更高品质的服务,增值服务的收入也就水到渠成。

2.3.1 拉新:新增用户激活与留存

(1)新增用户激活

获得新用户的一个关键是激活,其定义是指用户完成一次产品或服务的关键行为。在拉新的过程中,我们和用户的沟通都是为了传递好这样一个信息:使用本产品或服务能够让用户"在某些方面得到提升"。所以,很多时候我们还需要借助激励手段让这个信息传递得更加到位,以便打动更多用户。接下来看一些典型案例。

先来看交易类的产品和服务。从企业视角出发,电商和打车业务的获客成本都很高,而新用户如果没有完成首单,则难以称为有效新用户。从用户角度思考,在这类App中未完成首单意味着没有体验到服务的核心,也就不可能产生后续留存。因此,滴滴出行在乘客拉新上以"完成首单用户"作为指标,为了激励用户完成这个指标,通常会对新注册用户在前7天内予以派单倾斜、提供优惠补贴等。为了促成首单,网易严选App使用了颇具吸引力的"新人首单全额返"(见图2-9)。这个购买返券并非直接返现金,而是一些与首单等值的优惠券组合。这既有助于用户完成首单,又进一步提升了后续消费的可能。其实我们对这个方式并不陌生,线下很多餐馆都在使用首次充值送券,赠券需要24小时后才可使用,这样就同时完成激活并大幅提升后续一段时间顾客返店消费的可能。

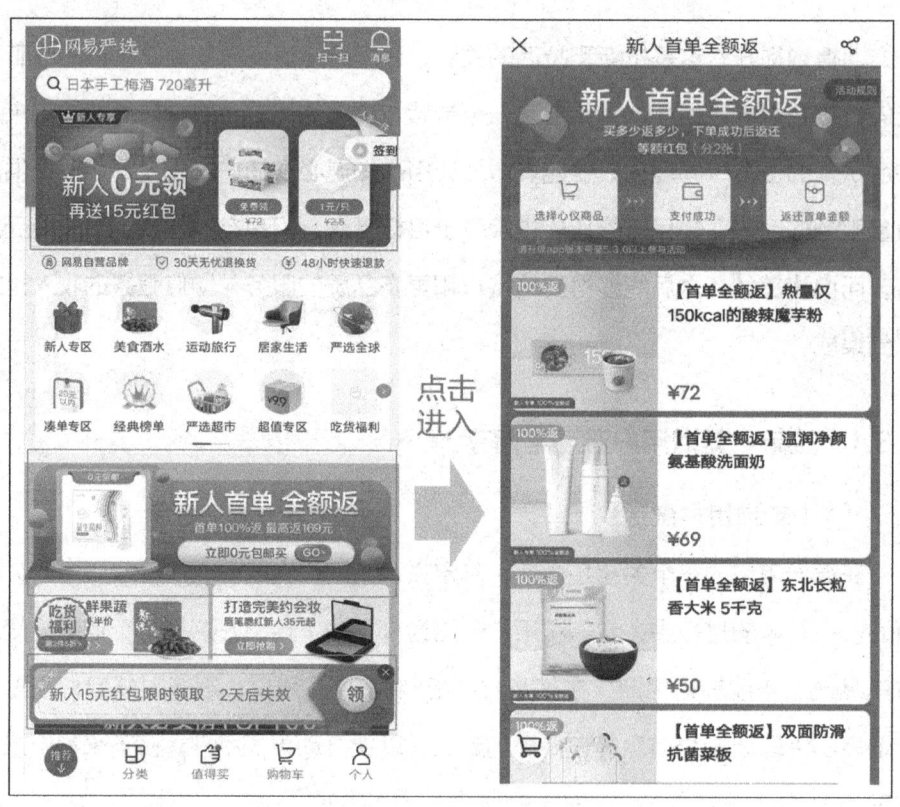

图2-9 网易严选新人首单全额返

上述新增用户激活的营销策略都在讲一个要点——成为新用户有福利。而获得福利的前提是完成关键行为。需要注意，关键行为的设计必须与业务的核心逻辑相符合，否则会存在极大的风险。例如，交易类业务的核心逻辑是完成订单并最终成交，获得奖励需要完成的关键动作也须明确为"最终成交"。将激励完全融合在成交中，用户只有完成订单才能真正获得这个奖励，这样的设计是符合业务逻辑并且风险可控的。举一个反例，很多新闻资讯App将激活之后用户得到的奖励设计为现金红包，但很显然，现金并不在该App的核心业务逻辑中。直接送现金并不能促进商业闭环，同时带来了极大的作弊刷量套现的风险。如果可能，最好是将激活奖励设计为赠送"7天免费阅读付费内容"，这样可以将激励融合到后续增值服务中来。

再来看增值服务类的产品和服务。长视频平台因为有大量的版权购买支出,急需要用增值服务回收部分成本,而付费会员就是其重要的收入来源。从某种意义上讲,用户完成首笔付费才能算是真正的新增激活用户。腾讯视频拥有诸多热门的 IP,如《风味人间》《创造营》等。借助用户对热门 IP 的消费刚需,引导用户完成会员购买非常有效。例如,《创造营》这种养成类的综艺节目,狂热粉丝会不遗余力地支持自己的偶像。针对这种狂热,腾讯视频推出了充会员获得额外打榜机会的功能:普通用户每天能够打榜 1 次,而购买会员后每天可以打榜 2 次,并可以获得签名照、奖品等其他权益。对于粉丝而言,这是成本很低的一笔消费。可以预见,在节目播出期间腾讯视频的付费会员有显著增长(见图 2-10)。因此,我们能够看到腾讯视频在每一期节目的前后、在 App 内的很多重要入口,都不遗余力地传递这一系列"成为会员享受额外打榜能力"的重要信息。

图 2-10 腾讯视频开 VIP 获得额外打榜机会

以 IP 驱动付费会员的案例,极具代表性的还有 2017 年爱奇艺利用热播剧《太阳的后裔》获得了 500 万个付费会员。当时爱奇艺的策略是"成为会员可提前看两集"。试想一下,如果是一个每周才更新 1 次的剧集,成为会员之后可以提前一周看到，对于追剧者而言这个"提升"的吸引力足够大。

付费获得增值服务是天经地义的，如果有足够强势的IP，有针对性地设计一些促进激活的方式将会非常有效。但是，使用这类激活方式时需要注意一些原则，尤其慎用先损害利益、付费后再提供补偿的方式。下面看一些反例。

网盘曾经是红极一时的产品，网盘商给用户提供了极具吸引力的网络存储空间，可以满足大量的文件存放，也能够实现文件的快速共享。当用户想得到文件时，就必须通过网盘下载，那么下载速度无疑就是用户体验的最关键因素了。百度云盘作为"网盘大战"时期主力中的唯一幸存者，保有了海量的资源。然而比较遗憾的是，仅有百度云盘超级会员才能享受高速下载，普通用户则会受到极大的限速。更多时候，用户下载文件就是为了尽快使用，几乎不可能忍受仅有100kbit/s左右的下载速度，最终只能无奈选择付费。尽管这个限定可以得到很多新增的付费激活用户，但是也带来了糟糕的口碑。另一个是腾讯视频，在VIP的基础上推出了超级VIP（SVIP），在热播剧中可以比VIP会员多看两集。这种临时增加的规则激怒了多数VIP用户，腾讯视频因此饱受舆论的批评。

（2）新增用户留存

在获得新用户后，最关键的事情就是让其真正使用产品或服务，并尽可能多地留存下来。我们通常会看用户新增之后的7日留存率，即新增用户中在第7天依然留存的比例。然而，这个指标有些片面，因为会存在一种极端情况：用户新增后的第2至第6天均不活跃，仅仅是第7天回归，也将造成7日留存很高的表象。以周为活跃周期的App经常会碰到这样的情况。所以，我们应该关注新增一周内的活跃天数，它真实体现了用户在新增一周内的活跃情况，也能说明用户对于产品或服务的依赖程度，这与后续的留存和变现高度相关。面向新用户时，我们提升留存的营销策略需要传递清楚"常使用App或服务能够获得什么提升"这个关键信息。下面看一个代表性案例。

优酷针对新用户设计了"新人7天福利"，将付费会员的权益拆解出来，新用户每天可以分别体验跳过广告、观看付费内容等特权（见图 2-11）。这个新人福利清晰地描述了用户能够得到的体验提升，并且在新增前 7 天内每天都有。这对于提升用户前 7 天的活跃天数、使用频次，逐步形成在优酷 App 内的观看习惯很有帮助。同时，优酷作为一个内容平台，视频库中有大量的付费内容是缺少展示的。借由新用户限时免费尝试 VIP 特权，部分用户会充分挖掘其中的价值，这有利于更多优质内容的曝光和传播。可以预见，当 7 天体验期结束时，部分已产生消费依赖的用户会顺利转化为付费 VIP 用户。当然，图 2-11 所示的这个设计还有一些优化空间。如果以提升用户的活跃天数和频次为目标，7 天中的每 1 天都可以提供"去片头广告特权"和"VIP 会员"的完整权益。对于平台而言，只要特权控制在 7 天内，两项叠加起来边际成本不算高，同时减小了用户的理解和记忆成本，也能更完整、真实地体验付费会员的服务。

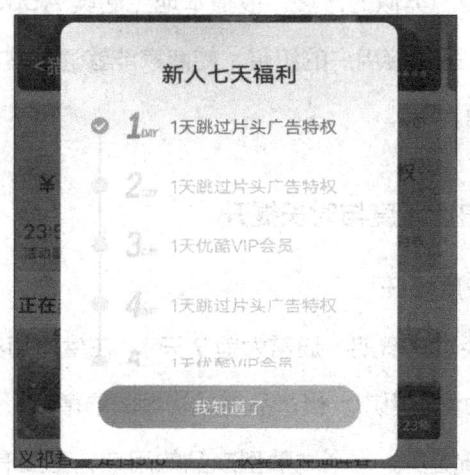

图2-11　优酷"新人7天福利"

简单地说，新增留存无非就是告知新用户一个"留下来、多用用"的理由，但存在一个难点。我们知道新增用户的次日留存非常关键，微信这种强黏性的 App 能够达到 90% 以上，短视频这种高频消费 App 能够做到 60% 以上，但是多数相对低频的 App 只能有 20% ~ 30% 的新增次日留存率。部分用户甚至在新增当天就卸载 App，即使没有卸载，很多安卓手机厂商系统也会及时清掉 App 的后台进程，使 App 推送无法触达用户。所以，即使 App 想告知用户留下来的理由，也很可能不再有时间和机会。对于这个难题，纯线上、获客成本相对低的 App 一般通过短信和第三方唤醒完成，但是成本高（都需要付费）且触达效果差；如果是体量相对小，但获客成本很高的 App，则必须寻求突破。

面对难以触达新用户的难题，每日优鲜这类本地生活生鲜电商会选择把新用户拉到一个微信群中，可以在用户的快递中添加一个进群领红包的卡片，也可以在购买后由专人尝试加微信开展二次营销拉进群。这些群内主要会进行两件事情：第一，群主不定期抛出一些优惠券，用户领取后可使用，这些优惠券的目的就是在初期维持新用户的购买热情；第二，普通用户主动分享一些拼购邀请，助力获得红包的请求。这样的新用户社群通过活跃用户带动非活跃用户，最终维持整个新增群体的初期消费。类似的方法，很多本地生活类 App、商铺、外卖店铺都在使用，它增加了一条连接用户的纽带，使商家能够通过实在的优惠向新用户传递"留下来"的理由。

2.3.2 拉活：用户活跃度与时长提升

（1）用户活跃度提升

如果用户顺利经过新增期（通常为前 7 天），在生命周期中还会活跃相当长的时间，本书即称为留存用户。当产品完成初期的暴增后，留存用户占所有活跃用户的比例就会逐渐增多。一个成熟型产品的用户，甚至有可能 99% 以上都是留存用户。所以，针对留存用户的重点工作就是如何保持、提升其活跃度。活跃度包含频次和时长两方面。在提高频次方面，营销策略的核心依然是告知用户"经常来"会有什么好处。

签到是一种常见的提频手段。通过设置福利激励，让用户完成签到或每日任务，能给用户一个非常直接的活跃理由，并且借此机会还能在一定程度上提升用户对 App 功能的感知和完整理解。正如前文"新增用户激活"提到的，纯粹以利益诱导签到会有一些"虚假繁荣"的风险，需要将任务与核心业务做好关联。

盒马鲜生的"X 会员"每天可以免费领取一盒售价通常在 3～5 元的蔬菜，这个策略极大地提升了用户的活跃频次。假设每天都想拿到免费蔬菜，会员就需要亲自到店或通过 App 下单。一般情况下，用户到店就能看到各种促销信息，有很大概率会顺便买点其他东西。而在 App 上领取则需要每天打开 App，同样会被各类营销策略"捕获"。总体来看，盒马鲜生能够轻松地从这样的高活跃用户中持续获利。除了成本可控以外，"每天免费拿"本身就是一个高度吸引用户的信息，它蕴含了"免费"这个终极吸引力，还有"每天"这种绝对的稳定性让用户在选择成为"X 会员"时会非常直观地盘算出这个会员至少价值 1800 元（5 元/天 ×360 天）。用户在成为会员后，由于普遍存在的损失厌恶，不拿这个免费蔬菜就会像损失 5 元一样，这对于维持用户的活跃频次尤其有效。

微信读书有一个"组队领取 N 天免费读书资格"的策略，由用户发起组队并分享给好友。组队唤起了沉默用户，通过抽奖获得几天会员体验之后，用户有机会免费感知到会员的价值。相对于盒马鲜生真实付出了一盒免费蔬菜的成本，微信读书促活一个用户的边际成本更低。另外，将自己组队读书分享到朋友圈，与分享一个红包相比更显高级，使用户分享和点击的意愿均较高。此外，微信读书还有一个"共读任务"（见图 2-12），需要多人参与且每人阅读超过一定的时长，这样每人才可以获得一份 N 天的无限阅读卡。这个策略在唤醒用户的基础上还要求用户共同完成关键行为。门槛看似很高，但是也能切中现实中大量存在的"读书会"这类自发、共同阅读一本书的小社群场景。完成阅读任务的同时还能获得奖励，也算是一件美事。微信读书围绕"完成 ×× 任务就能够获得免费读书机会"这个信息设计了很多促成活跃的任务，不断地让用户免费体验在 App 内读书。微信读书 App 的内容全、更新快，体验也是业内领先，用户一旦形成阅读习惯，活跃和付费都是水到渠成。

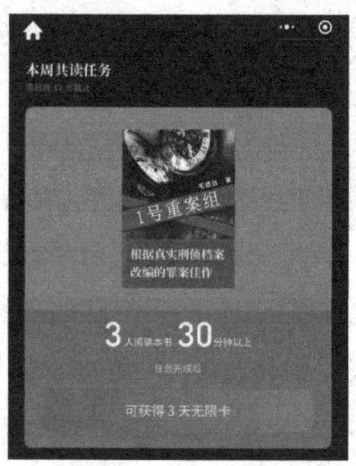

图2-12　微信读书用户共读任务示例

滴滴打车套餐也是非常典型的提升活跃频次的策略。图2-13所示的打车套餐以一种带条件的优惠券包的形式出现，仅需要极低的价格就可以获得多张指定时段的满减券。如果用户有这种场景的打车需求，这个套餐就会非常划算。图2-13中，滴滴非常清晰地传递出"只用花1元就能获得多张优惠券"的信息。而用户花钱购买的优惠券，核销率往往远高于免费获取。

图2-13　滴滴出行套餐示例

第2章 快速开始用户增长

打车套餐通常锁定的是通勤一族或每周都有固定打车需求的用户。虽然此类用户的需求相对固定，但也存在被其他出行方式替代的可能。如果使用套餐，用户能够以相对低的价格每周多打几次车，平台则可以通过套餐提前锁定用户的出行需求以增加收入。这样的套餐除了提升活跃频次，还能培养用户的消费习惯。当用户的打车频次足够高时，例如每周由 6 次变为 10 次，就很难再回到不打车的状态，其对价格的敏感度也会逐渐降低。

关于如何提升频次的这些策略，笔者还要再次强调一点：用户是否能很快理解这个任务或商品的内容是什么？用户是否发起组队任务、是否产生购买意愿都是来自快速决策，所以营销策略必须简明扼要地突出利益点，简化任务逻辑；可以保持适当的完成难度，但是需要尽可能地降低理解成本。比较糟糕的案例是电商 App 中常用的膨胀红包、玩游戏得红包、A 红包叠加 B 红包等，很多用户都表示无法理解这么多的红包规则。这些规则给用户带来了较高的理解门槛，用户又担心自己可能因为没有充分获取这些红包、无法得到应有的优惠，最后反而放弃购买。类似的复杂策略很难起到促进活跃度的效果，只会获得对价格极度敏感的一小部分人群，对于提升目标用户的活跃度很可能起不到作用。

（2）用户时长提升

用户活跃度提升原本专指活跃用户数的提升。前文提到，随着用户规模趋于饱和，更大的竞争在用户时长的抢夺上。因为用户停留越久，理论上商业广告就会更有机会触达目标用户。所以对于平台而言，用户时长提升变得尤为重要。市面上专门提升时长的策略还并不多见，现有的策略基本都是围绕"停留超过一段时间就可以获得奖励"这个点来设计，非常简单直接。

时长红包最早见于趣头条，目前已经成为各种主打福利的内容消费类 App 的标配。例如，图 2-14 所示的抖音极速版，用户在观看视频时可以看到界面左上角有一个红包。红包边缘有一圈进度条，随着用户播放或阅读时长的增加，进度条也一直在前进。绕满一圈，用户即可获得一个红包。

图2-14 抖音极速版视频时长红包示例

类似的策略还有引导用户完成信息流刷新,刷新N次之后可领取红包。因为图文信息流每次刷新都能根据用户行为推荐当下更符合其消费偏好的内容,而这些内容也更可能提升用户消费时长。这是一类非常直接的激励诱导消费,和上面提到的签到领红包一样,都存在被用户恶意刷奖励的风险。虽然这类策略能很快产生短期效果,用户时长能够得到明显的提升,但策略制定者依然需要关注一旦停止了奖励,用户的消费时长是否能有一定程度的保留。

另一种提升时长的策略是Supercell公司的手机游戏《皇室战争》中使用的时长宝箱。时长宝箱的规则很简单,用户在游戏中获得宝箱之后需要进行解锁才能打开,而解锁需要时间。在等待的过程中,用户可以退出游戏,也可以继续游戏。如果不想等待,还可以使用金钱加快解锁进度。除了解锁宝箱,还有一些额外赠送的宝箱,如果用户不及时解锁,它将会占住宝箱的位置,影响后续免费宝箱的获得。为了最大化地获得免费宝箱，用户要么频繁打开游戏，要么持续游戏等待解锁宝箱的时间。这一类策略大大提升了游戏频次，也在一定程度上提升了用户的在线时长。因此，在策略设计时同样需要时刻思考规则的简单和直接，让用户真正感受到产品、内容或游戏本身的趣味，才是提升时长的目的所在。

上述两种提升时长的手段均以利益作为诱饵。信息流中相关推荐的实时跟随则是基于用户的消费偏好，根据用户的实时行为或反馈进行后续内容的推荐，旨在不断延续用户的消费路径。实时的相关推荐是用内容潜移默化地告诉用户"我这里有很多你感兴趣的内容，记得经常来看"，这是另一种提升用户消费时长的手段，它有更好的长期效果，而且没有额外成本。但是，其有一个最主要的弊端，即用户过于沉浸在推荐内容流中无法自拔。这个策略更多依赖用户画像的准确获取、用户行为的实时反馈，使用门槛较高。从目前来看，抖音做得很好，一些电商 App 的"发现频道"、购物车中的"猜你喜欢"也做得很不错。除了时长得到提升，更重要的是用户也贡献了更多广告收入和商品收入。

2.3.3　变现：广告与商品收入提升

（1）广告收入提升

变现分为广告收入提升和商品收入提升两个部分。其中商品是指广义的商品，包括服务和实物。由于近年来广告主更加注重效果，所以互联网中的效果广告逐渐增多，而品牌广告相对减少。用户增长中的变现更多的就是提升效果广告收入，它主要依赖用户看完广告后的反馈。例如，是否会点击广告中附带的链接，并最终完成下单、下载、提交意向等。

前文提到，能真诚地让用户知道必要的广告是产品提供高质量服务的来源，并尽可能让广告服务于目标受众，用户自然也会更易于接受广告。广告原生化是近年来的大趋势，从搜索引擎将广告穿插在搜索结果页开始，到现在信息流产品中每隔10条左右就会出现的一条广告。虽然广告的密度在不断增大，收入效率却在衰减。用户对信息流中广告的抵触心理日益严重，而广告也需要挖掘更能传递意图和更易于被用户接受的形式。针对提升广告收入这个难题，除了借助推荐算法实现个性化的、更符合用户消费预期的广告，还应该将广告的形式和平台的调性做匹配。综合而言，这些都是在试图给用户传递"这虽然是广告，但对你来说这个东西很不错"的信息。

抖音视频流中也有很高比例的广告，但与其他平台的广告不同，它的呈现形式紧跟当前抖音内容的形式和调性。具体地说，有些广告会使用时下抖音最火的背景音乐、最流行的拍摄技巧，甚至有些广告是抖音知名KOL拍的，足以"以假乱真"。用户在刷到广告时，有可能都不知道这是广告，这样才有机会巧妙地给用户传递"这东西不错"的信息。

拼多多的广告收入占比很高，主要来自首页的推荐广告。拼多多的广告有些用"小编推荐"为标记，就像顾客进入商场时迎面而来的服务员。这在一定程度上消除了广告感，让用户更易于接受。也许未来这种方式会被更多地模仿和监管，但与其类似的还有KOL种草（推荐好物）、电商中导购（直播或图文形式）这一类软广，电商中的广告原生化的空间还可以很大。

朋友圈互动广告是特殊的广告形式。某些制作精良或高端品牌的广告不仅不会打扰用户，反而会引发用户竞相点赞。朋友圈广告还会以某位明星的口吻发出，用户甚至可以直接回复明星，就像是在和朋友圈中的一位朋友对话。

在以娱乐为主的信息流中穿插原生广告，最大的负面影响也就是阻碍用户消费的流畅性，但并不严重。而在一些相对严肃的知识社区或论坛中也效仿此类原生广告，则稍显不妥。例如，知乎信息流中的广告往往与主题契合，伪装得很像是一个问答，用户点进去后会有一种明显被欺骗的感觉，甚至直接跳出了原有的消费路径。类似的情况还有百度贴吧，本来就显得混乱的排版中，很难分清哪一层楼是真正的内容。在这种情况下，广告阻断了信息获取，实际上得不偿失。因此，原生广告依然需要考虑如何不打扰用户正常的信息获取，不阻断用户的核心使用路径。

（2）商品收入提升

除了广告收入以外，电商和本地生活等 App 需要通过用户购买商品和服务获得收入。如何能让用户接收到优惠信息，更多地购买，就是提升这部分收入的关键。这一类策略很多是从线下零售借鉴到了线上。如图 2-15 的左图所示，线下的一个水果店促销西瓜，在成堆的西瓜旁边用硕大的立牌写有"西瓜 1.8 元 / 公斤"字样，这肯定是最直接有效的方式。每年的"6·18"和"11·11"都已经成为让消费者分外激动的线上购物节，但是越来越多的营销套路、各种规则复杂的优惠券使用户真正找到物美价廉商品的难度越来越大。作为电商平台，如果明确了目标就是提升销量，则完全不需要暗藏各种优惠券，大可直接在商品缩略图中大方地写出"到手价 ××× 元"的字样（见图 2-15 的右图）。促销策略需要多一些坦诚，既然领券不需要什么条件（通常在商品详情页就可以直接领），那么当用户购买时再自动完成领券或推荐使用券即可。当然，如果是为了省下一些优惠券以提升 ROI，那就应另当别论，此处暂时不展开讲述。

图2-15 电商促销策略示例

上述商品促销给出了一个"到手价"或"减多少"的优惠，但是对于并不知道这个商品日常价格的用户而言，这个价格是否足够优惠不得而知。因此，还存在一类促销是基于价格锚定理论来实现的，即在一个公允的常规价格旁给出一些加了条件限制的优惠价格，消费者能用这个优惠价格对比普通价，直观地感知到"特别划算"，从而忽略一些限制条件。

图2-16 付费会员锚定策略示例

随着获客成本增高、收入压力增大，增值服务逐渐成为标配，最普遍的是各类付费会员。其中，针对购买会员服务提供连续包月优惠的策略最常见。如图2-16所示的案例，平台通常默认选择自动续费，并且给出一个极低的价格（19元），下方的价格（30元/月、60元/季）都可以作为锚点，会显得自动续费非常便宜。而且，只要是自动续费，每个月的支出和年卡一样优惠，这个信息会大大提升用户的购买转化率。

瑞幸咖啡也有很多提升商品购买量的营销策略，最有名的莫过于咖啡券。例如"充5送5"，即一次性支付5张咖啡券的钱，便可以获得额外5张。咖啡的消费基本上每天一杯就够了，需求具有固定性和排他性。"充5送5"相对于打五折，除了更好地锁定长期的需求，还能将其他途径的咖啡消费切断。而且，即使用户不再充值，瑞幸依然每天在给用户发放5折券。很多用户调侃：一旦没有5折券就不再喝瑞幸。反过来理解，瑞幸的5折券确实发挥了延续消费的作用。

另一个咖啡的案例是肯德基咖啡包月卡，当用户花30元购买了包月卡之后，就可以在接下来的一个月内每天花1元钱到店购买一杯美式或拿铁咖啡（见图2-17）。咖啡1元1杯绝对是低价，用户可以简单盘算月卡的

图2-17 肯德基的咖啡月卡

费用，一旦每个月喝上5杯，每杯成本也就摊薄到了7元，非常具有吸引力。而用户到店点咖啡时，其实在很多情况下还是会有意无意地加上一个蛋挞、一个红豆派，这些利润足以填补一杯咖啡的边际成本。可以说，这个案例与盒马X会员异曲同工。

同样是商品促销，也会有反例。饿了么的超级会员体系为了让用户多下单，有多种策略同时进行（见图2-18）。首先，用户购买超级会员之后，可以定期获得"购物津贴"——每月20元，主要用在"津贴联盟"中消费。然后，会员每月可以获得"奖励金"，用于兑换通用的红包，消费或额外完成一些任务可以获得奖励金。最后，会员专享一些折扣红包，有在某些店固定消费习惯的顾客还可以领取"满X笔获得Y元"的店铺专属红包。总之，用户成为会员之后在App内感觉到的是处处都有优惠。作为饿了么的老用户，笔者确实能够用到这些优惠，并且确实感觉力度很大。然而，包装了如此多的概念，想要传递的信息过于复杂，对新用户、普通用户实在是极不友好。上述津贴、会员红包、任务红包、店铺红包等，有些能够共用，有些则相互排斥。我们不要忘记，促销策略的目的是提升购买转化。所以，如果没有其他限制条件，平台需要尽可能简单地直接告知用户"有多少优惠"。

图2-18　饿了么超级会员（上）和店铺红包策略（下）

在用户增长工作中，营销策略是唯一能接触到用户的环节，能够通过实验方法量化效果。我们除了关注短期的效果或某些过程指标以外，更需要关注这些策略是否真正有助于提升用户价值、捕捉宏观机会，以及有助于商业模式的运作。

2.4 用户增长中的经济学思考

经济学思维集中体现了对效率和成本的考量，用户增长工作是在整个社会经济的范畴内进行的，也可以通过对经济学规律的思考获得灵感，产生解决问题的新思路。例如，两个常见的概念——机会成本和供需关系，我们能够在用户增长中看到其应用场景：当可以下发的策略有很多时选择哪个策略、放弃哪个策略，需考虑机会成本；策略如果背离了基本的供需关系，风险就会极大。对供需关系的把握，正面案例有滴滴的智能派单、抖音的逐层推荐，二者都是从消费侧的需求反推供给侧的供应，在各自领域发挥了巨大的作用（详情在第 6 章"增长算法"中介绍）。反面的案例也有不少。例如，共享单车由于投放过多造成了大量浪费，最终拖垮了多家共享单车平台；美团打车最初疯狂补贴刺激不必要的供给侧，2018 年初期在上海上线美团打车时，通过 B 端高额补贴从上海周边吸引了过多司机进入，远超过 C 端的需求，最终入不敷出。

机会成本和供需关系的应用比较常见，下面介绍一些并不容易被注意到、但和用户增长也有密切关系的经济学知识点。

2.4.1 科斯定律

科斯定律来自诺贝尔经济学奖获得者罗纳德·科斯，最流行的版本是"在交易费用为零或足够低的情况下，不管资源的最初主人是谁，资源都会流转到价值最高的用途上去"。社会成本问题在经济学中有着非常重要的政策含义，科斯定律指出，我们应该顺应社会和市场的基本运营规律，制定因势利导的经济政策。

在用户增长工作中，我们可以借鉴的是如何制定合理的规则来加速资源流动。具体地说，资源会流动到最善于利用它及能最大化其价值的人手里，我们要做的可以是提供必要的便利、加速流动过程、做好资源倾斜。

首先是提供必要的便利，我们来看二手资源交易这个领域。二手交易相关的服务商已经着力在做好通道搭建，例如，线上 C2C 形式的闲鱼、线下 B2C 形式的爱回收，以及京东上门二手回收等，我们可以在很多电商平台、线下商超看到回收点。此外，京东 App 的用户订单列表中可以直接一键转手，这也为加速二手资源的流动提供了便利。

其次是加速流动过程。大方向上，资源必然会流向价值最高的用途，我们能做的就是缩短消耗在中途的等待时间。最深入人心的是支付宝花呗和借呗，将小额资金借贷的完成时间缩短到分钟甚至秒级。还有大家已经习以为常的共享经济代表——租车和共享单车，为信用较好的用户提供免押金，也是在缩短等待时间。再有在京东或淘宝上卖出二手商品或申请退货，如果用户的信用良好，都可以立即获得平台的预先垫付款项。这种超出预期的体验不仅让资源加速流向更善于利用它的优质用户，还获得了口碑传播。

最后是做好资源倾斜，我们可以回到短视频平台的案例。最善于把握用户消费口味的草根创作者、MCN，他们最能充分利用好内容消费者这个巨大流量。因此，平台的资源会向其认为更善于利用流量的生产者倾斜。推荐算法也在不断地帮助其获取各自的粉丝和观众，平台也因此获得了源源不断的原创内容和用户流量。

科斯定律在用户增长中的理解和应用，可以从策略方向构建一些产品和服务形式，也可以从细节上设计加速流动效率。

2.4.2 信息不对称

信息不对称的概念来自经济学家阿克罗夫，它表述的是这样一种场景：在交易中，卖方可以控制产品的质量，要么提供高品质产品以求高价，要么提供低质产品以求低价，而买方无法确定卖方究竟提供的是哪种产品，所以只愿意出一个中间价。卖方见买方只能出中间价，便只能提交低质产品。因此，买方会进一步压价。买卖双方经过多次博弈，最终无法成交。这个场景也被称为"阿克罗夫困境"。

信息不对称普遍存在，我们在用户增长工作中也会经常碰到。谁先填补好信息差，谁就更有机会。最常见的方式是给用户提供一些克服信息不对称的办法，有助于提升转化率。例如，在电商中我们可以看到保价、延保、7天无理由退货。保价是指用户在购买后的一段时间内（通常是一周），如果发现平台上出现了低于其购买时的价格，可以申请价格保护，立即退回价差。延保是正品行货的最大保障之一，以消费电子类产品为例，一般会提供1年的质保，可以付费再获得1年的延长保修期。京东是7天无理由退货的代表，指用户在购买后7天内，在不影响二次销售的前提下可以无理由申请退货。对于一些不熟悉的品类或新锐品牌，大部分用户在购买前并不确定商品是不是真能让自己满意，或者质量是不是真有保障，在电商促销随处可见的当下也无法保证此时的购买价格是不是划算。这些信息不对称在一定程度上阻碍了消费转化。上诉三种策略在用户从产生购买意愿到做出购买决策前的这段过程中发挥了重大的推进作用。

滴滴在做司机招募时宣传的最大利益点就是可以轻松挣钱，但是从潜在司机的视角看，并不清楚是否真能获得满意的收入。为了消除这种信息不对称，提升司机接单的转化率，滴滴平台给司机提供了保底收入：只要司机接满规定的单数，平台在月底就会至少发放一定的保底收入。在此基础上，司机完单越多，收入自然就越高。司机只要觉得这个保底收入符合预期，就会打消疑虑。在外卖领域，饭点高峰期往往会出现订单延迟。顾客下单前无法知道准确的等待时间，这里也存在信息不对称。饿了么为会员提供了延误险，只需花几毛钱购买延误险，一旦发生订单延迟，就可以获得可观的赔偿。

消除信息不对称，预期会显著提升用户的购买转化，是非常值得尝试的办法。

2.4.3 需求第三定律

需求的第一定律描述了需求量随价格升高而降低，随价格降低而升高；第二定律是指随着时间的推移，需求对价格的弹性会增加，因为用户找到更合适的替代品；需求第三定律是人们相对陌生的，它是指精选品和普通品之间原本有较高的价差，当加入附加费用之后，二者价格的相对差距会减小，精选品因此显得便宜。不难看出，当附加费用越大时，精选品就越让人觉得便宜。

用户增长中也能见到利用需求第三定律的案例。我们经常能看到两个平台之间推出捆绑会员，例如，199元可以购买京东Plus会员 + 腾讯视频VIP会员。通常单独购买京东Plus会员需要149元/年，而单独购买腾讯视频VIP会员需要198元/年或20元/月。下面我们看看两者捆绑会员如何完成相互渗透。

对于已成为京东Plus会员的用户，他们通常会非常认同Plus会员的价值，并且可以通过之前的购买价格定位Plus会员的价值（日常价149元）。这部分用户如果同时有购买腾讯视频VIP会员的需求，可以认为售价198元的年会员是"精选品"，售价20元每月的月会员是"普通品"，而京东Plus会员就是一个价值149元的"附加费"。如果以199元可以购买到京东Plus年会员 + 腾讯视频年会员，通过简单计算（199-149）可以得到腾讯视频年会员（精选品）的价格只需要50元，相比20元的月会员自然是显得非常实惠。因此，捆绑会员售卖会让很多京东Plus会员中潜在的腾讯视频VIP用户大量转化为双平台会员。

反过来看也类似，腾讯视频的现有VIP年会员会将京东Plus月会员（15元）当成"普通品"，将年会员（149元）当成"精选品"。此时，腾讯的年会员就是一个价值198元的"附加费"。购买捆绑会员，相当于以1元的价格获得了京东年会员，相比京东 15 元的月会员简直是无比划算。因此，这部分腾讯视频 VIP 会员自然也会渗透成为京东的 Plus 会员。

从上面的案例可以看出，需求第三定律生效的条件是用户对附加品价值的认可。只有这样，才能够成功地将精选品的价格稀释到用户极易接受。

2.4.4 价格弹性与价格歧视

价格弹性是指用户的购买意愿随价格而变化的敏感程度，弹性大就是指对价格更敏感。价格弹性的应用比较普遍，常见的价格补贴、红包、优惠券都是利用价格弹性提升用户消费转化的案例。在现实世界的商业环境中，以金钱为货币的价格弹性的利用已经很成熟。而在虚拟世界中，用户的消费时长、社交资源都可以认为是一种货币，同样可以根据价格弹性来找准用户增长的方向。

在内容消费世界，如果以时间为货币，自然就是拥有大量可支配时间的用户最富有。所以，他们对消费时间的敏感性低，愿意花时间完成长时间消费和一些福利任务。作为内容消费的平台，就需要迎合这部分用户的偏好来设计内容和玩法。趣头条 App 同时利用时间价格敏感性和金钱价格敏感性，获得了大量用户。趣头条中设计了大量完成阅读、播放得金币及分享推荐好友得金币的福利任务，巧妙地切中了大量"时间价格弹性低"但"金钱价格弹性高"的目标用户。相反，如果用户的时长敏感性极高，不愿意花大量时间去浏览和整合资讯，但金钱价格敏感性较低，愿意接受付费购买一些整合资讯，就倾向于选择一些偏精英的付费平台，如混沌大学、得到 App。

再来看社交世界，可以用社交货币来量化社交行为之后的回报，理解起来比较抽象，社交货币的增多，指向的是个人社交形象的优化和提升。社交货币敏感，说明用户更容易为了获得认同、赞美而去进行分享。对于这种社交货币弹性强的用户，产品经理可以有针对性地设计一些分享钩子（trigger），如充满金句的精美卡片、能够展示积极上进状态的学习打卡、能够表现孩子天分的小成就等。

经济学中，我们在分析供需关系时可以发现，一个统一价格会使供需平衡出现在一个不能将效率最大化的位置。在这种供需平衡状态下，一部分产品会因为价格高而购买量不足，一旦稍微降价就可以带来更多购买，使整体的交易量增大。换句话说，其中存在无谓损失。价格歧视是指针对价格敏感的用户提供稍低的价格，以促进更多的消费完成。促销、发券、红包、满减等营销策略都是在消除无谓损失，这些策略在用户增长中的应用已经很常见。

所以，价格歧视也是利用了价格弹性。因为二者相关的分析较多，也容易理解，此处不再展开论述。

2.4.5 比较优势与边际思维

比较优势常出现在国际贸易、市场经济的分析中。擅长什么就更多地做好什么，企业可以通过更低的成本完成生产，并能够以更低的价格在市场中获得竞争优势，反之亦然。想获得比较优势，除了先天的优势，如地理区位、自然资源、先发优势之外，企业还可以通过一些对商业模式的颠覆实现弯道超车。很多跨界尝试就是因为没有处理好成本问题，或者在没有比较优势时贸然追赶，导致多数草草收场。创业者尤其需要总结，自己有什么比较优势可以做到后来居上。做用户增长时，如果策略需要消耗资源，则需要明确产品和服务是否拥有比较优势以确保策略可持续。

ROI 是很多策略需要追求的指标，边际思维在提升 ROI 的过程中会起到非常关键的作用。边际思维包括两个要素——边际成本、边际收益。对于边际收益递减效应，笔者相信大家体会很深，即随着成本投入的增大，获得的收益增量会逐渐减小。在用户增长中，如何得到最大化的 ROI？直观地说，就需要利用"边际 ROI= 边界收益/边际成本"这个公式。通常情况下，边际成本已知，我们需要通过一系列数值实验测试边际收益，试图逼近 ROI 最大值。

边际思维还可以用到策略优先级的判断，优先将资源投入边际收益更高的地方。互联网思维的一个核心就是在形成规模经济之后,每增加一个用户所需的边际成本极小,几乎可以忽略不计。如果策略有效,且边际成本不大,就可以尝试做策略的放大。例如,常见的付费阅读类 App 为新用户准备了前 3 日免费体验的机会。对于策略,如果平台能够看到一定的效果,大可将免费体验延长到 7 天。对于平台来说,将 3 天免费提升到 7 天免费,边际成本并不高,但是能够让潜在付费用户更充分地体验到优质内容,对于付费转化的提升应该更有帮助。

通过上面的简要介绍,我们发现增长策略中可以通过一些经济学知识拓展思路,也能通过这些观点分析增长实践,以便能够复制。

本章总结

(1)企业可以借助全局视野来逐步确定用户增长的大方向,分别是确认用户价值提升的方向、从宏观机会中借助势能,以及从当前商业模式中找到创新和优化的机会。

(2)确定方向后,用户增长工作的具体展开需要找到一个切入点。通过数据驱动的方法,首先将增长目标向下拆解到可执行,其次优先通过因果性分析找到用户核心路径上的断点并进行修补,然后通过相关性分析找到与增长指标高度相关的用户行为,最后通过一系列营销策略尝试改变用户行为,以验证是否可以提升增长指标。

(3)用户增长中的营销策略可以分为拉新、促活和变现三个大类。拉新除了关注新增用户激活,还需要重点关注新增用户留存;促活除了用户留存率,还需要关注用户时长;变现包括广告收入,以及商品和服务的收入。

第3章

全面了解实验方法

在用户增长工作中，实验方法的应用是数据驱动至关重要的一环。毋庸置疑，做增长就需要积极关注策略带来的指标增量。实验方法是全球一线互联网企业、医疗行业及学术界公认的量化效果黄金法则。尽管实验面临很多挑战，也有很多场景无法进行理想的随机对照实验，但依然是满足条件时候的首选。

实验方法的应用是本书的一个核心内容，前面介绍了如何发现增长机会、形成增长假设，紧接着就要考虑用实验来验证假设。本章首先介绍实验方法的必要性和重要性，然后详细介绍实验设计过程中必知必会的核心知识点，最后介绍实验方法面临的主要挑战，以及无法进行理想实验时的补充方法。

3.1 为什么需要实验方法

实验的目的是验证假设，而实验方法能够验证因果关系，准确量化策略效果。在用户增长工作中，实验方法是必备的，当然也有系统的知识和很多成熟的方法论。然而，在传统的用户运营工作中，实验方法的使用和受重视程度都还比较有限。

3.1.1 一些错误归因的案例

我们在工作中经常需要解释引起某些指标变化的原因，或者证明某些策略是否有效。这种归因的任务往往不轻松，我们经常会发现两类极具代表性的错误归因。

（1）错把相关当因果

将因果性和相关性混淆在日常生活中很常见，很多时候我们会误把相关性当成因果性，进行错误的归因。假设有 A 和 B 两件事情，简单地说，因果性就是指其中一件事情是另一件事情发生的原因。例如，原因 A 造成了结果 B，或 A 导致了 B。相关性则是指 A 的发生伴随着 B 的发生，A 和 B 很可能没有直接联系。

例如以下生活中的案例：

- 经常喝红酒有助于身体健康；
- 从小学习弹钢琴的孩子，其学习成绩比不学的孩子要好；
- 经常喝咖啡的人更容易得心脑血管疾病。

这些案例都呈现出一些相关性，并且能够给出详实的数据支持，但是结论却不一定成立。我们稍加推敲就能够发现：喝红酒的人健康，可能是因为喝红酒，但也可能是因为喝红酒的主力人群有着相对好的生活环境和医疗条件；同理，能从小学习弹钢琴的小孩，他们的家庭条件、父母对教育的投入程度很大概率要优于一般同龄人，他们的学习成绩很可能因此要好一些；大部分经常喝咖啡的是加班族、熬夜党，他们的生活节奏快、工作压力大且作息普遍不规律，因此他们得心脑血管疾病的概率很可能要高于常人。

所以，面对这些信息时，我们不能简单地拿相关性当因果性。生活常识错误归因终究还是小错误，一旦因为错误归因导致错误的决策，在商业世界中造成的不良后果很可能是巨大的。面对模糊不清的因果关系，我们需要更进一步、更严谨地进行分析和验证，而实验是最好的方法之一。

（2）结论先行造因果

结论先行很常见，代表性的案例就是当我们有了结论后，会积极地找理由和数据支撑这个结论。心理学中的"禀赋效应"就解释了这种现象：多数人会觉得自己的东西就是好的，自己的行为总能带来积极影响。

例如买股票，假设我们完成一系列交易（有买有卖）之后发现自己挣钱了，就一定是因为我们操作，所以挣钱吗？显然这是值得推敲的。操作后挣钱有两种可能性：或者大盘涨了，我们的股票总资产只是随大盘上涨，实际并没有因为操作而产生增益；或者确实是因为操作带来了增益，例如卖掉了下跌的股票并买入了上涨的股票。如果我们想明确原因是前者还是后者，可以假设回到没有操作，简单按照操作前的股票持有情况计算当前的价值，就知道操作是不是真赚到了钱。

再如微信这样的超级 App，每个版本都要上线很多个优化点。假设某次发布新版本后，产品经理发现朋友圈功能的用户活跃度提升了，那么究竟是哪一个优化点带来了这个提升呢？这个问题很难回答，以至于大家在总结工作时都会或多或少地把增长归因到自己那个优化点。最常见的是我们会用新版本上线后与上线前的活跃数据来简单比较。然而，这里有两个明显的漏洞。其一，把活跃度的提升和某个具体的优化点建立关联，这之间最多只是相关性，而不是因果性。除非这个优化点带来了颠覆性的变化，无可置疑地提升了整体活跃度。例如，微信在 2019 年某个版本的朋友圈评论中支持发表情，很多用户为了尝鲜会到评论区发动图，这极大地拉动了朋友圈的用户活跃度。其二，用新版本上线后比上线前，忽略了时间波动对活跃度的影响。有可能上线后这段时间因为某些热点事件爆发，大家纷纷转发新闻到朋友圈，最终因刷屏带来了用户活跃度提升。

3.1.2　两个有名的实验归因

实验方法能够很好地完成归因，下面是两类被高度认可的案例。

（1）医学中的双盲实验

应用在医学中的双盲实验，全称是随机双盲对照实验。实验时，先把若干被试者随机分成实验组和对照组，然后对这两组采用不同的治疗方案，以此来验证药物或疗法是否有用，或者是否有副作用。双盲实验是一种严格的实验方法，实验者和参与者都不知道哪些参与者属于对照组、哪些属于实验组。只有在所有数据被记录完毕甚至分析完毕之后，实验者才能知道参与者是属于哪个组的。采用双盲实验是为了减少偏见和无意识的暗示对实验结果的影响。将被试者随机分配到对照组或实验组的做法是双盲实验中至关重要的一步。确认哪些受试者属于哪些组的信息交由第三方保管，并且在研究结束之前不能告知研究者。

通过双盲实验，甚至更严谨的三盲实验（即受试对象、研究人员和信息保管人员均不知道受试对象的分组和处理情况），学者们要历时很久才可以得到严谨的结论。说个题外话，这也就是西药的研发和实验成本相当高，价格也相对高一些的原因。

（2）经济学中的实验方法

2019年的诺贝尔经济学奖授予了麻省理工学院和哈佛大学的三位经济学家（见图3-1），他们的主要贡献是长期以来在发展中国家采用随机对照实验的方法，验证了增加教育投入、提升医疗水平对于经济增长的核心作用。

图3-1　2019年诺贝尔经济学奖获得者[1]

对于他们的贡献，官方颁奖词是"表彰其在全球扶贫问题上使用的实验型方法"（for their experimental approach to all eviating global poverty）。这里列举一些他们的实验内容，我们可以直观感受到实验可以解答生活中的哪些疑问。

- 健康：社区医疗能改善居民的健康水平吗？[2]
- 金融：加大小微贷款的额度能促进经济发展吗？[3]

1　图片来自诺贝尔奖官网。
2　针对非洲乌干达8100个农村家庭的研究。
3　针对埃及1000名借款人的研究。

- 教育：高科技教育工具能提高学生的成绩吗？[1]

随着近几十年来因果关系成为经济研究领域的核心问题，经济学家普遍转向了证实性数据分析，而随机对照实验方法的应用帮助人们找到了探索这些因果关系的有力武器。

3.1.3 用户增长需要通过实验看增量

在互联网领域，如何准确评估产品和运营策略的效果，几乎是所有产品经理、产品运营、数据分析、市场营销等人员在日常工作中都会碰到的问题。大到一个新产品上线或一次产品方向调整，小到一次运营活动、一个文案修改，我们都付出了成本。所以，我们都需要知道所做的事情有没有效果（定性），效果比之前好了多少（定量），对关键指标贡献了多少（归因）。

常见的效果分析错误有两个，不仅困扰新入职的员工，而且让很多有经验的老手也时不时跌入陷阱。下面简单叙述。

（1）前后对比

最常见的、也最容易被人们想到的效果分析方法是前后对比。前后对比非常直观，例如上线了一个新功能，配置了一个App开屏页，做了一场线下活动（为了便于描述，我们统称为"策略"），效果如何？很多人会直接拿这个策略"做之后"对比"做之前"得到增量，即：

$$效果 = 策略后 - 策略前$$

这样对比的问题非常明显：活动前后一段时间，用户的活跃度是不同的。例如，某打车App在清明节期间做了一个运营活动，用清明节三天对比清明节前三天，可以看到订单量猛增。然而，订单量有可能更主要是受到清明节假期用户出行量提升的影响，如果将这个订单量的提升全部归因于这个运营策略，显然是

---

1 针对印度619名中学生的研究。

不合适的。

（2）对比大盘

另一种常见的效果分析是局部对比整体，或者对比大盘。对比大盘也非常直观，我们往往会拿需要观察的人群（或被策略命中的人群）来对比大盘得到增量，即：

$$效果 = 观察人群 - 大盘人群$$

这样对比的问题也非常明显：观察人群往往是大盘中的一个子集，只要不是随机从所有用户中抽取的，就有极大概率与大盘均值存在偏差。例如，某电商App的运营活动是给进入手机活动页面的用户发100元折扣红包，最后发现领取红包的用户群购买手机的比例是同时间段大盘人群的2倍。这个效果可以归因于这个策略吗？很显然，这里进入手机活动页面并领取红包的用户群，本身就具有更高的手机购买意愿，而大盘人群代表的是一个平均水平，这样的对比更多体现的是人群差异，而不是运营活动带来的效果。

以上两个案例的错误都相对明显，这些错误的根源都是用于对比分析的两组样本不具备可比性。实战中还有一些更加隐蔽的效果分析错误，我们在稍后的章节中具体讲述。

判断可比性的原则是对比的人群间是否仅存在"要评估的策略"这个单一差异。一旦两个人群本身存在差异（非随机分组），或者其中一个人群中叠加了多个策略（非单一变量），都无法通过对比直接得到某一个具体策略的效果。

之所以会出现前后对比和对比大盘的错误，除了分析时不够谨慎以外，更多可能是因为惰性：做前后对比或对比大盘时，之前的数据和大盘数据往往都是现成的，拿来就比。但是，科学的评估效果往往需要设计随机对照实验，成本、时间都会增加不少。

要想得到准确的评估策略效果，实验尽管有些麻烦，但是绕不开。包括谷歌、微软、Facebook、腾讯、阿里巴巴、今日头条、滴滴、百度等头部互联网企业，都在用实验的方法来对策略效果进行科学的量化。而且，每年在互联网相关的学术期刊中也不乏学者对实验方法的探索和补充。用户增长与传统运营工作的最大区别，就是以实验方法为核心的数据驱动工作循环。

用户增长最直接的目的就是做出增量，而准确评估这个增量，一方面能帮我们评估目前的策略是否有效、横向比较多个策略哪些更好，另一方面能帮我们思考如何迭代能让有效的策略更有效、无效的策略尽可能优化或摈弃。策略下发之后的这一切动作都需要实验给出评估，借助准确评估后的效果产生下一步的行为指引。而需要评估的策略大到产品方向的优化尝试，如百度 App、国内几个头部浏览器 App 从工具型产品向资讯信息流产品转型；也可以小到一些重要用户界面的优化，甚至仅仅是字体颜色的改变，例如，微软必应的搜索结果页的字体颜色，通过实验证明字体颜色的优化能够显著增加广告收入。

简单总结看准增量的基本思路：首先明确看什么（指标），然后有一个策略下发前的基准值作为参照（对照组），以及一个策略下发后的结果值（实验组）用来与基准值对比得到增量。在用户增长中，我们最常用到的是随机对照实验，AB 实验是其中最常见也最简单的一种。除此以外，还有多变能量测试（MVT，常用于测试方案组合的效果）及多臂老虎机（多用于算法实验），有兴趣的读者可以自行查阅相关资料。

明确了用实验方法来评估增长策略的效果后，我们还需要掌握如何科学、严谨地设计好实验，以确保获得可信的实验结论。下一节将完整叙述实验设计的基本要点。

3.2　实验设计必知必会

在系统介绍如何设计实验之前，我们需要再明确一下什么是增长实验。

从统计学的视角看，增长实验本质上是一个统计推断的过程，即用一个样本回答关于总体的问题。从业务视角来看，增长实验的目的是用来解释因果关系或验证假设。实验的核心思路如图 3-2 所示，首先需要从一个总体中（通常是正态分布的）随机抽取一系列样本进行实验处理，得到处理样本；然后按照预期完成处理，就可以通过对比处理样本和未处理样本，或者对比不同处理方式的处理样本，分析得到实验结论。

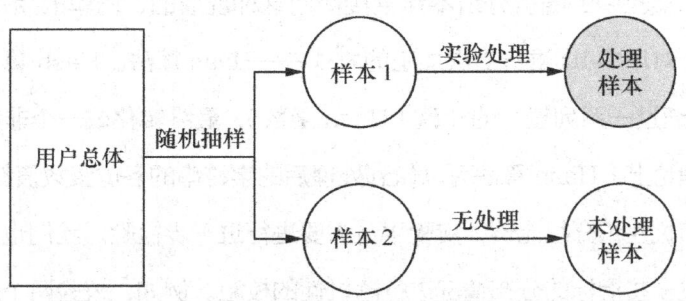

图3-2　用户增长实验的核心思路

为了保证得到可靠的结论，实验设计中需要深刻理解随机分组和单一变量两个要点。随机分组首先能够保证我们选择的样本可以代表总体，其次能够保证不同的实验组与对照组之间可以对比。单一变量的目的是保证处理样本的差异和某个确定的变量进行关联，完成正确归因。除了这两个要点，完整的设计过程中还需要留心各种注意事项。

3.2.1　随机分组

在对用户下发某种策略后，要想看准一个指标的增量，我们最终要通过实验来量化指标变化。概括地说，就是用从未处理样本统计到的参照值和从处理样本统计到的结果值完成对比。为了排除其他因素的影响，我们需要在同样条件下获取指标的参照值和结果值。最常用的方法就是随机对照实验，通过随机分组得到实验组和对照组，再进行进一步的实验。那么，随机分组是怎样实现的呢？

用户通常都有一个唯一的用户 ID 表示其身份，如手机号、微信号。随机分组就是基于用户 ID 用某种规则进行划分。例如，通过手机号将用户分为两组时，可以使用尾数 0-4 为 A 组，尾数 5-9 为 B 组，这是最直接的分组方式。然而，大家会发现一个问题：手机号尾数并不是随机分布的。例如，尾数 8 属于靓号，很多人愿意花高价格购买，其背后可能是一个高收入的人群；而尾数 4 一般都不被人喜欢，很可能用户数量偏少。

所以，实验中的随机分组不能直接使用这种现成的、简单的用户 ID，而需要引入一个对用户 ID 进行二次加工的方式——Hash 算法。Hash 算法能够将手机号等 ID 通过一系列复杂的计算（Hash 函数），最终转化成一个非常复杂的长字符串。理论上，Hash 算法可以做到处理后的字符串的各位置数值都是随机的。为了确保随机性和分组比例，实验平台需要进行进一步检验。我们也可以在完成分组后通过一些指标的分布情况进行随机性的校验。例如，校验两个随机分组用户的年龄、性别、消费水平等人口属性，以及用户时长、消费频次和金额等用户行为指标的分布是否一致。

确认了随机性，我们就可以在实验平台将处理后的 ID 随机分到指定的实验组和对照组，或者 AB 实验中的 AB 组。AB 实验是最常见的随机对照实验，其随机分组如图 3-3 所示。理想的随机分组可以保证各组之间的可比性：对 A 组

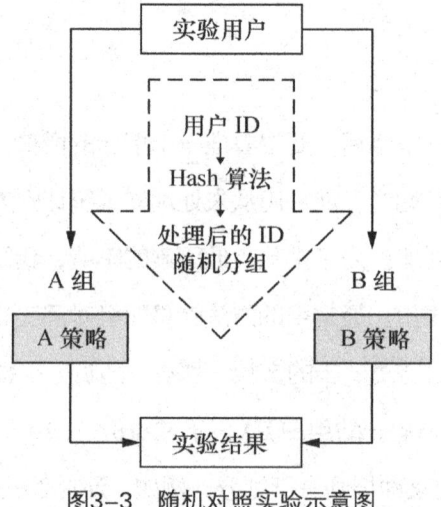

图3-3　随机对照实验示意图

下发 A 策略，对 B 组下发 B 策略，实验期间观测两组用户的指标差值，即可计算得到 AB 策略之间的效果差异。很多时候，我们也会对实验组下发策略，而不对对照组下发策略，以此获得策略所带来的效果。

随机分组的具体实现过程涉及正交分层和随机分桶两个要点，5.1.2 节将对这部分内容做详细介绍，下面继续介绍实验设计的其他要点。

3.2.2 单一变量

单一变量不是字面理解的实验只能有一个变量，而是说至少存在两个分组，它们之间仅有"需要考察的变量"这一个差异。需要考察的变量就是实验设计时要明确的实验目的，或者实验需要验证的那个变量。

表 3-1 给出了一个典型的案例：通过一个实验验证策略 A、策略 B 的单独影响，以及 AB 策略叠加的影响。表中的实验组 1 表示仅使用策略 A，没有策略 B，实验组 2 和 3 类似处理；对照组是既没有策略 A，也没有策略 B。

表 3-1 单一变量示意（1 代表下发策略，0 代表不下发）

组别	策略A	策略B
实验组1	1	0
实验组2	0	1
实验组3	1	1
对照组	0	0

这样的设计能够保证一次实验得到尽可能多的结论：

- 想看策略A的影响时，对比实验组1和对照组；
- 想看策略B的影响时，对比实验组2和对照组；
- 想看有策略A的前提下叠加策略B的影响，对比实验组1和实验组3；
- 想看策略A和B的组合效果，对比实验组3和对照组。

如果不设计单一变量，最大的问题在于无法做归因。例如，我们最常碰到的

App 版本迭代问题，通常一个新版本相比旧版本会有很多个优化点。新版本随机从用户池中选择一小部分进行"灰度发布"，率先升级使用。我们用投放升级的灰度用户和未投放的用户进行对比，可以得到升级之后的收益，但是无法将这些收益归因到某一个具体的优化点。再如，比较常见的 H5 落地页优化，假设实验组同时对页面布局、引导文案和按钮颜色进行了调整，而对照组维持原状。实验发现修改后的落地页转化率明显提升 5pp[1]，但是需要分析为什么提升时无法直接得到上述三个优化具体起到多少作用。

随机分组和单一变量是增长实验设计中两个最核心的原则，是实验效果能被准确评估的大前提。在下面介绍的详细实验设计过程中，我们需要处处留意是否严格遵循了这两个原则。

3.2.3 实验设计全流程

一个基本的增长实验设计首先要明确目标，这通常是为了验证一个基于分析得到的假设；其次，需要确定针对哪些用户来做这个实验；最后，需要确定如何设计分组，每组需要多少样本量，以及需要看什么指标。图 3-4 概括了完整实验流程的要点，下面逐一展开介绍。

（1）确定实验目标

增长实验的目标通常是验证某种假设或量化某种策略效果。例如，某 App 重新设计首页布局，需要关注用户在首页的操作是否被明显干扰，用户的留存率是否会有变化，这个实验的目标就是验证产品迭代方向是否正确；某 App 通过发红包提升用户留存，需要量化发 1 元钱和发 0.5 元钱的效果差异，这个实验的目标就是量化策略的效果。实验设计之前需要明确为什么要做这个实验，是否有相关的实验或分析已经验证过这个假设，以避免不必要的资源浪费。

---

1 pp指百分点，涉及百分比的变化均使用此单位。

量化策略效果还可以细分为两类，依然使用发红包这个案例：一是无清晰预估，即首次进行这种策略的探索，只想验证留存是否能够提升；二是有清晰预估，例如，基于之前策略的迭代，预期优化后可以使留存在原来的基础上提升2个百分点。当然，增长假设并不是随意得出的，它依赖于一系列数据分析得出（2.2节介绍了这个完整过程）。

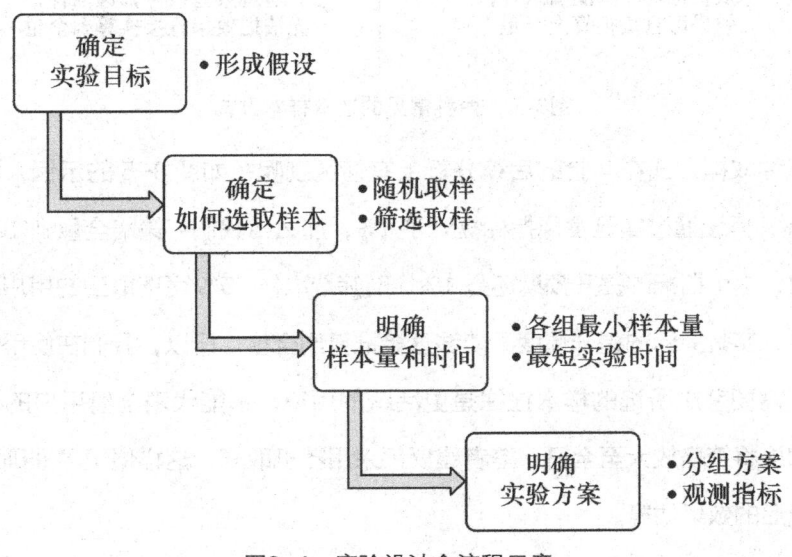

图3-4　实验设计全流程示意

（2）确定如何选取样本

确定实验目标之后就要选取样本。用户增长中通常会涉及两种选取样本的方式（见图3-5）：第1种如左图所示，从所有目标人群中随机取样，即用某些特征预先圈定一个人群（如所有男性用户），并从中随机选择一部分来进行实验；第2种如右图所示，基于某些条件筛选取样，例如，将实时进入某个活动页面的用户作为样本，随机进行分组。具体应该选择哪一种，取决于实验的目标和条件。原则上实验设计者更应该从全量用户中随机抽取样本，然后进行随机分组。但在某些场景下，实验策略实际上只能影响非常少的一部分用户。例如，在进行某个H5页面的优化时，尽管我们的目标用户是所有潜在用户，但实际生效的仅仅是进入 H5 页面的用户。所以，为了保证实验分析的精度，实验设计者就选择"进入 H5 页面"作为抽样的条件，再将满足条件的用户随机分组。

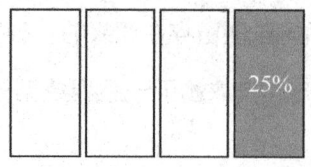
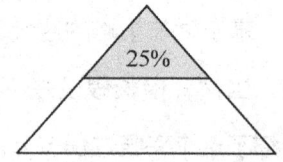

从目标群体中随机取样， 通过某些条件筛选取样，
效果可直接换算至全量   无法把效果直接换算到全量

图3-5 两种常见的选取样本方式

两种取样方式在实验的后续分析上有何区别呢？如图 3-5 的示例，随机取样 25%，假设通过实验发现指标提升了 1%，那么当我们将策略全量到 100% 的人群时，这个指标的提升预期还是 1%。而筛选取样 25% 可能取到的用户不具备代表性，实验指标的提升幅度不能够直接推算到全量。所以，我们在使用筛选取样时，需要考虑所选的样本往往是更活跃的用户，不能代表全量用户的平均水平。如果将策略放大至全量，笔者建议都采用随机取样，这样便于更准确地做策略全量后的效果估算。

（3）明确样本量和时间

选定样本后，接下来就需要明确实验方案：具体分几组，最小样本量为多少。分为几组，可结合 3.2.2 节介绍的方法按需设计；而每组需要多少样本量，则要考虑实验结果的置信度，涉及"最小样本量"的概念。

上文提到，随机对照实验的实质就是用抽取的样本来代替总体，然后分析经过处理的样本，看是否能表现出差别。因此，1 个样本是否能代表总体，以及多个样本之间在实验前的差别是否可以忽略不计，就是一个关键的问题，也是实验结果可靠的前提。

一般来说，样本量越大，样本的均值就会越接近总体（也称为"大数法则"），多个样本间的差异也就可以忽略不计。当样本量很小时，随机偏差会非常大。例如,随机抽访 10 个用户的收入,是不可能代表所有 1 亿用户的平均收入的。但是,现实情况需要考虑实验成本和风险,不可能无限制地选择大样本。所以,在设计实验时一个很重要的问题就是选择多少样本量,选择多了会造成浪费,选择少了则很可能得到统计学上不置信的结果,而"最小样本量"就是能满足预期置信要求的阈值。

通过统计学公式或一些现成的工具可以推算最小样本量。一般应先提供预估的效果提升幅度、需要的置信度,然后通过公式计算得到每一组最小需要多少样本量。请注意,是"每一组"均需要达到这个最小样本量。很多时候,我们为了让更多用户受到策略的影响,将空白对照组设计得非常小。实际上,如果对照组不满足最小样本量,结果是无意义的。

在实际操作中,我们通常还可以根据预估的最小样本量、单位时间能触达的实验用户量来推算最短实验时间,即:

$$最短实验时间=最小样本量/单位时间的实验用户量$$

需要指出的是,一些新的实验场景或功能模块极易因为用户的"新奇效应"在初期出现实验效果非常明显但随即衰减的情况。所以,即使实验已经达到最短实验时间,我们也建议将一个新实验延长观察至一个完整的用户活跃周期,通常至少是一周时间。

(4)明确实验方案

接下来确定每一组需要下发什么策略,这要严格遵守"单一变量"原则,确保能够评估需要验证的策略效果。最后,确定观测什么的实验指标,通常包括正向、负向指标,以及过程、结果指标。

正向指标是策略预期能够提升的指标。例如,某电商 App 以提升用户消费金额为目标的策略(以下讨论均使用这个案例),需要关注用户的购买转化率、消费金额等。而负向指标是指策略下发可能会造成下滑的指标,例如,该 App 选择在首页下发广告弹窗,就需要关注用户跳出率,甚至 App 的卸载率。

过程指标主要是指用户路径中各个环节的用户行为表现。例如，某电商App首页的广告弹窗（以提升用户消费金额为目标）能够监控到弹窗曝光率、弹窗点击率、用户落地页停留时长、落地页购买点击等，这些都是过程指标；而结果指标则是用户在策略期间甚至后续一段时间的消费金额。在这个案例中，因为策略的最终目标是提升消费金额，所以要首先关注结果指标以判断策略是否有效，再进一步分析是哪些环节存在问题，可能影响了策略的最终效果。这时就需要关注一系列的过程指标，最常见的就是通过漏斗模型寻找问题点。

完成以上四个步骤，实验的设计工作就基本完成了。然而，要想让实验按预期进行下发，能顺利地进行实验效果分析，在实验开始前还有一些注意事项，下面详细介绍。

3.2.4 实验开始前的注意事项

要想实现实验目标，实验策略的准确下发、实验过程中准确的数据采集就非常关键，这些直接决定了实验结果是否真实可信。所以，在实验开始前还需要注意以下三个方面。

（1）测试产品流程

测试产品流程的目的是确保实验策略符合预期的下发。继续看弹窗策略的案例：弹窗弹出后的体验有没有明显缺陷、是否会有明显的负反馈、实现成本是否还能调低。最关键的是，如果这个弹窗是首次用于实验的资源位，还需要确认在App上实验组和对照组是否能按预期设计，实验组展示弹窗，而对照组不展示。

（2）检查数据上报

实验分析用到的数据很多来自产品前端的埋点和数据上报。例如，这个案例中弹窗弹出、弹窗曝光完毕、弹窗点击等各个关键环节的用户数及次数都需要完整地上报。"弹出→曝光→点击"是一个最基本的漏斗，用于判断策略下发的成功率和基本效果。此外，还需要将用户属性一起上报，便于后续进行分群分析，确定目前的弹窗样式在不同人群之间的点击率差异。

（3）确认数据存储

数据上报之后，需要存储用于数据分析。数据存储首先需要考虑字段的设计，大原则是要与其他数据存储保持一致；需要检查是否通用、合理，以方便后续与其他数据表关联做交叉分析；还需要明确数据保存在什么数据库和集群，因为这可能影响将来的分析效率；最后，需要明确数据存储的时间，以确保未来分析数据时还能找得到历史数据。需要注意的是，通常为了节省存储资源，一些临时数据默认仅会保存1周左右，如需要延长，实验设计者最好提前与数据工程师确认。

当一切准备就绪时，实验就可以开始了。图3-6给出了两种实验初期的测试方法，可以用于快速确认策略的下发是否符合预期。如果实验后台可以进行实时监控，就会非常省事；如果没有，则需要在实验初期频繁地捞取实时日志进行检查。另外，还可以将测试人员、产品人员的用户ID添加到白名单中，亲自感受策略下发的效果，以确认是否存在问题。

监控

一些可监控指标实时统计，例如，
转化漏斗是否符合预期

白名单

测试人员的用户ID添加到实验用户组，
快速确认策略的落地情况

图3-6 实验上线初期的测试

上述是在完整的实验过程中及实验上线初期的注意事项。我们可以看到需要注意的细节有很多，足够细致和谨慎才能确保实验的正常下发、回收到可靠的实验数据。最后，笔者再强调两点：实验设计或策略选择无须完美主义——需要验证策略对用户群体是否有效，而不是追求每一个用户都能够有效；可以实验的变量非常多，实验成本很高，需要通过发挥实验者以往的经验、通过产品思维摒弃其中一些无意义的假设。

当实验顺利进行后，我们就可以进入下一个阶段——实验分析，这部分会在第 4 章详细展开介绍。

3.3 实验方法面临的挑战

一旦满足条件、成本允许，实验方法应该是我们进行用户增长效果量化的首选。尽管实验方法是评估增量的黄金法则，但它也面临很多挑战。在团队中、企业内打造和推行实验文化，是用户增长团队面临的第一个挑战。一个策略上线后，如何评估其长期的效果，是很多从业者都非常关注的问题，也是实验方法面临的一个大挑战。此外，有很多场景无法进行理想的随机分组实验，需要其他方法进行补充。

面临挑战并不意味着实验方法不能使用，我们也不该因噎废食。下面笔者依次介绍如何应对上述挑战。

3.3.1 实验文化需要打造

用户增长是一个系统工程，需要多团队协同作业。实验方法虽然有用，但是想在各团队中推行实验方法，尤其是在刚引入用户增长的团队中，还是很难的。在团队协作分工、优先级部署和资源分配等实际工作中，往往涉及大量的沟通和摩擦。但是，如果一切用数据说话，用策略效果说话，会使工作的推进事半功倍。这就要求我们努力打造实验文化，切实形成一种用数据说话的决策机制。

无规矩不成方圆，合理的实验规范、评估规则和决策机制可以有效保证实验方法切实落地。例如，实验规范给出实验前、中、后的工作内容，保证执行者明确知道每一步需要做什么、有哪些注意事项。当发生问题、边界不清时，决策者可以按照规范来完成快速裁定。例如，实验配置是运营的问题，而实验生效是算法和工程的问题，约定好配置规则、上线规范，是哪里出了问题，需要找哪个环节排查，都要事先商定出来。

团队内外，一段时间内可能很多人在做实验，其中不乏一些类似甚至重复的实验。提倡效果共享、问题周知，能有效避免资源的浪费和无谓的重复执行。然而，光"拿着喇叭"呼吁大家分享或遵守规则，大多时候是不起作用的。所以，决策者就要建立实验评审机制，明确实验目的、评估方法、成本投入，最终确认能否上线实验。

必要的奖惩机制能够督促大家及时分析、及时共享。在腾讯时，笔者所在的团队践行了"策略红黑榜"，定期复盘该时段所有的增长实验，所有参评者需要写出策略描述、收益点、问题点及后续规划。由总监及组长组成评审会，从第三方视角审视策略，对效果好的策略提名红榜，对疏于分析、低效重复的策略提名黑榜。红榜会有邮件周知和现金奖励，并对考核有帮助。黑榜虽然重在警示，但是如果反复出问题、不及时分析输出也将极大地降低自己的"信用分"，而且未来策略落地的推进也将困难重重。上述有效机制能够推进看似烦琐的用户增长实验工作方法更好地落地。

实验文化的打造除了机制保障，还需要人员保障。实验人员是一种新晋的分工，也是实验文化的重要推行者。实验人员可以来自现有的分析师、产品经理或产品运营等，他们主要负责紧盯实验，包括实验上线前的假设产出、实验上线后的及时验证、实验完成后的准确分析。这些工作不能偏废对业务的思考，需要与业务方紧密联动。实验人员或岗位已经存在于各个大互联网企业，包括Amazon、Facebook、Twitter、微软、Google、腾讯、字节跳动、阿里巴巴及滴滴等。由于实验分析有一些能力门槛，相关的培训和考试也是必要的。例如，2020年初腾讯推出的"E计划"，正是互联网企业率先开展的基于产品经理数据能力、实验技能的培训和考核计划。

3.3.2 长期效果评估充满挑战

很多策略需要长时间观察，才能确定是否真正有效。例如，某些App的用户界面改版，不论怎么改，短期内必然会带来很多用户的不习惯和负面反馈。另外，短期实验效果难以避免新奇效应，一些改动会带来指标的突增，长期看才能判断真实的影响。再如，广告短时间的集中展示并不会体现在效果提升上，需要一段时间持续跟踪。而商品的价格策略能够带来短期的销量暴涨，但能否建立品牌认知和带来持续购买则需要长期监控。一些新的功能和产品方向的大改动，更需要长时间观察方向是否正确、相应的商业模式是否靠谱。

实验方法能够量化上述策略的效果，但问题是实验不可能长期做。原因主要有以下两方面。

第一，实验是需要成本的。实验持续运行需要进行实时分组、实时针对实验组和对照组，保持两套后台的服务，这些是运维成本。实验组往往会下发一些奖励类策略，持续越久，成本越高。而实验越久，分析量也就越大，数据存取和分析所需要的资源也会显著增大。

第二，长时间实验难以保证准确。不稳定的随机算法，即随着实验的进行，新加入实验的用户有可能分组不再随机；而用户手动切换用于控制实验策略的开关（如最常见的是否关闭手机通知），都会导致实验组和对照组发生组间迁移。一旦实验组和对照组偏离了预期，分析的结果也就难以保证准确性。

如何观察长期效果，也是近一两年来的行业难题，并成为 2019 年末一次全球互联网实验峰会上最受关注的议题。一线互联网企业也提供了一些应对手段：一类是利用短期实验效果推演后续效果，例如，Google 通过间隔投放一系列实验拟合出长期效果；另一类是通过预测模型给出长期效果的预估，例如，Netflix 用逻辑回归预测用户留存，以及 LinkedIn、滴滴、腾讯都在使用的用户生命周期价值预测（Life Time Value，LTV）等。

3.3.3 实验方法存在一些局限

除了对长期效果的评估比较吃力以外，实验方法还存在一些局限性。

第3章 全面了解实验方法

一方面，实验面临效率的问题。尤其是在互联网企业已经掌握了很多用户画像的今天，可以把用户拆分成非常精细的人群并下发有针对性的策略。从理论上说，确定增长目标后，不同的细分人群有其最优的策略。但是，仅通过简单的AB实验，只能从粗到细地逐步精细化策略，难以做到全局极致的最优。要想突破这一点局限，需要借助算法模型，通过机器学习逐步逼近全局最优。

另一方面，实验方法在近些年实战中被提出来的质疑：实验是不是懒惰的表现？有些情况不能实验，怎么办？正如第2章提到，一个实验从形成想法到最终落地是通过分析形成假设。但是，在验证假设的过程，任何时候都绝对不应该使用实验来代替思考。生活和工作中的确有很多场景无法实验，或者实验成本极高。例如，某个功能紧急上线，App暂时不支持对这个功能做AB实验，这种情况多见于重大节日活动或紧急功能跟进（类似于前两年的直播答题，瞬间各家都上线了）。再如，想评估用户中使用了某项功能的用户，其各种指标的变化，这时候没有理想的实验组和对照组。

类似这样缺少理想实验条件，甚至不能做实验的情况，我们该如何评估效果，下一节将提供一些方法参考。

3.4 不具备实验条件怎么办

理想的实验要求能够对样本随机分组，进行对照实验。现实中很多情况无法满足实验条件，需要一些方法作为效果评估的补充。

3.4.1 因果推断方法

因果推断是一类方法的统称，指通过各种数理手段，基于结果对其原因进行估计。本质上，随机对照实验也是一种因果推断的方法，并且是一种非常理想、直观的方法，甚至被认为是归因分析的"黄金法则"。然而如上节所说，我们在很多时候没有办法做理想的随机对照实验，此时因果推断中的其他方法就可以提供补充。下面介绍自然实验中的断点回归和倾向性得分匹配。

自然实验（Natural Experiments）实际上是一种观察性实验，不对任何用户进行干预，仅通过观察随机分组样本的实验结果，进行比较而得出结论。请注意，这里的"随机"无法像随机对照实验那样通过Hash算法实现，而是基于经验选择两个相似的群体。例如，我们经常需要评估一个紧急上线功能的效果，就可以用自然实验的方法，一组样本是使用某功能的用户，另一组则是不使用某功能的用户。

断点回归是一种直观的自然实验方法，下面结合案例来介绍。假设我们上线的是一个签到得现金红包的功能，签到满7天才能获得一个现金红包，需要判断签到红包对用户的留存是否有正向帮助。这个案例不能用随机对照实验的原因，是因为需要紧急上线，无法留一部分用户（无签到功能）作为对照组。顾名思义，断点回归是找到"6次签到无红包与7次签到有红包"之间的这个断点，观察签到6次与7次两个用户群体之间的留存率差异。如果差异显著，说明签到红包对于用户留存有帮助；如果没有显著差异，则说明签到红包对于提升留存大概率是无效的。如图3-7所示，我们可以看到本周签到6次和7次之间存在一个下周留存率的断点，说明签到得红包对于用户留存的帮助是明显的。

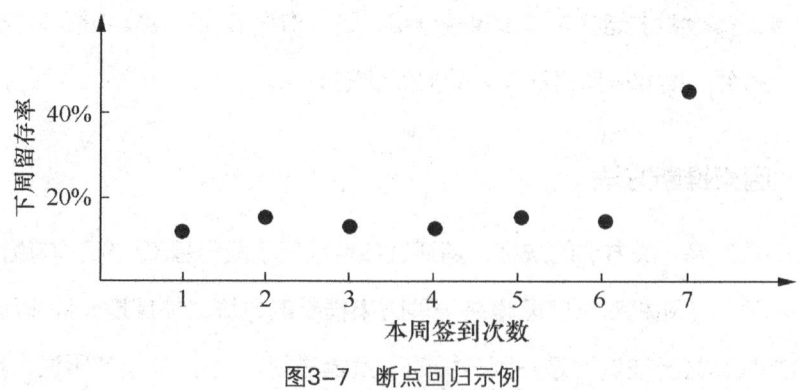

图3-7 断点回归示例

倾向性得分匹配（Propensity Score Matching，PSM）是另一种常用的自然实验方法，其核心在于构造一个与策略组可比的对照组。我们可以类比随机对照实验，通过 PSM 构造一个对照组。图 3-8 中的虚框为构造出来的实验组和对照组，实验组使用的是被策略命中的用户群，而对照组是通过计算倾向性得分，从命中策略的用户以外匹配出与实验组倾向性得分接近的用户群。

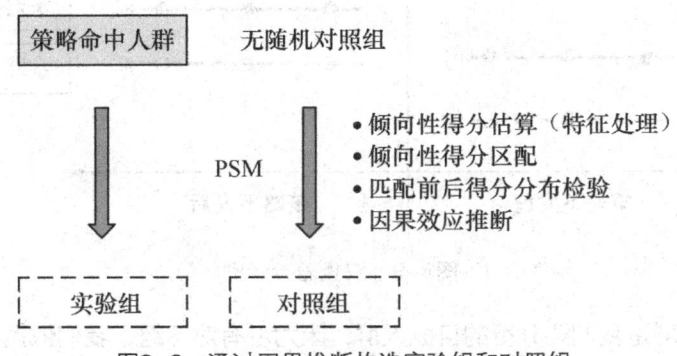

图3-8 通过因果推断构造实验组和对照组

进行倾向性得分的计算和匹配，需要得到尽可能多的用户特征，如用户属性、用户行为等详细数据；每种特征被赋予权重，最终为每一位用户计算出一个 0 ~ 1 的数值。匹配时，如果我们的策略命中人群得分为 0.68，那就可以在备选人群中选择得分在 0.68 附近，如 0.67 ~ 0.69 的用户群，作为对照组。PSM 正是通过这种方式实现了对照组的"无中生有"，其准确定性依赖用户特征的丰富程度，理论上需要尽可能多的特征种类。而且，在匹配前除了看匹配分数以外，还需要检验分数的分布，以确保实验组和对照组的可比性。

3.4.2 双重差分方法

双重差分（Difference-in-Difference，DID）常用于政策效果评估。因为政策下达通常是指定某些城市或区域执行政策，无法做随机对照实验，和 PSM 一样只能采用构造一个对照组的思路。由于城市样本有限，甚至无法完成构造，所以 DID 的思路是设法找到政策的净效果。类比到用户增长，当评估某个策略的净效果时，需要首先排除时间因素及其他策略的影响。下面用一个案例简单说明，如图 3-9 所示。

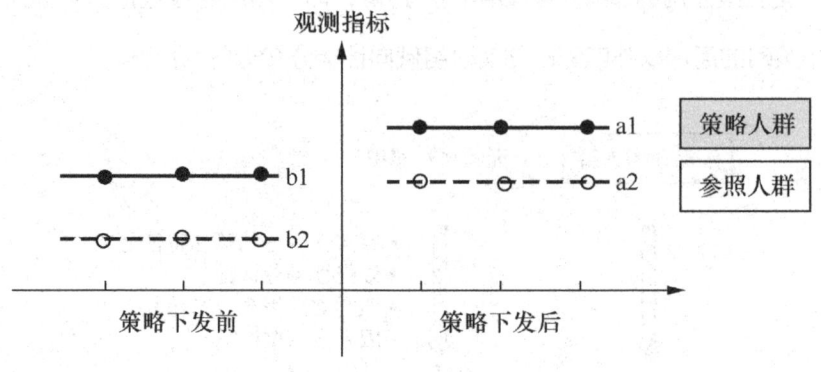

图 3-9　双重差分示例

策略人群是我们要分析的目标人群，因为没有对照组，我们依据经验选择了各方面特征接近的人群作为参照人群。图 3-9 中 a1 和 b1 分别为策略人群在策略下发前后的指标均值，a2 和 b2 为参照人群指标均值。从图中可见，需要观察的指标在策略下发前后发生了较大变化。现在需要分析策略效果，如果直接对比策略人群前后指标，得到：

$$策略效果 = a1 - b1$$

显然，这个差异中包含指标随时间的波动情况，需要消除掉。而理论上，时间因素的影响对于参照人群也同样存在，进一步得到：

$$策略效果 = (a1 - b1) - (a2 - b2)$$

与此类似，其他策略的影响在这里也同样存在于对照人群，可以在第二次作差时消除掉。

以上方法有一个前提，即需要两个人群满足"共同趋势假设"的条件。也就是在受到策略影响之前，策略人群和对照组有同样的变化趋势。此外，参照人群的选取有很多主观性，难以保证相似和可比。所以，总体而言，双重差分可以作为一种快速获得定性结论的方法，其计算得到的策略效果仅作为参考。除了双重差分之外，还有三重差分的方法，引入了另一个策略组，但原理类似，感兴趣的读者可以自行了解。

3.4.3 边际效果归因

因果推断和双重差分之外，边际效果归因也可以用于定性判断策略是否有效。这种方法基于一个假设：如果策略对用户有影响，加大策略的力度能够看到观测指标发生相应变化。如图 3-10 所示，我们可以看到随着策略力度的加大，观测指标同步提升，说明策略是有效的，而没有明显变化则说明策略是无效的。

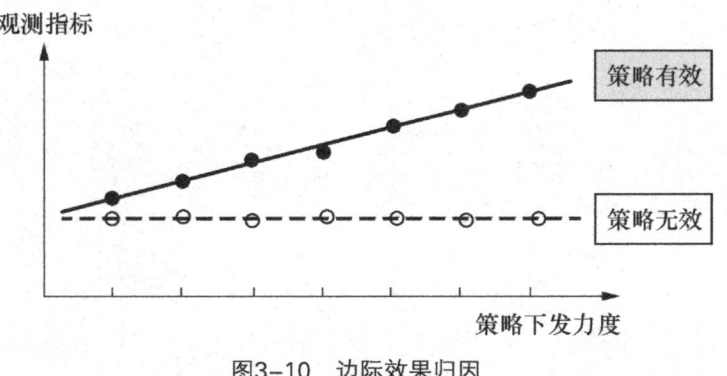

图3-10　边际效果归因

本质上，边际效果归因是基于预设的因果关系做假设验证。除了改变策略力度以外，下发频次、时间等可能改变策略效果的因素都可以作为变量进行验证。如果能做随机抽样下发，这样可以得到严谨的定量结论；如果不能做，即只能针对所有用户都去下发，则需要考虑下发间隔时间等因素。所以，边际效果归因的方法也仅仅是一种无法做随机对照实验时的补充。

最后，对以上方法做一个小结：如果条件和成本允许，尽可能使用随机对照实验；如果无法进行随机对照实验，则可以尝试探索因果推断、用倾向得分匹配的方法获得接近于实验的结论；而如果只想得到一些定性的结论，则可以使用双重差分和边际效果归因。

> **本章总结**
>
> （1）实验方法是准确评估用户增长策略的最好方法。
>
> （2）实验的目的是验证假设或量化策略效果，需要一系列步骤确保实验设计的科学合理，其中两个核心点是随机分组、单一变量。
>
> （3）尽管实验方法是科学的，但是同样面临诸多挑战，包括长期效果评估困难、实验文化打造及实验条件局限等。
>
> （4）有很多场景不能够设计理想的实验，此时因果推断、双重差分、边际效果归因等方法可以作为补充。

第4章

准确评估实验效果

第 3 章系统介绍了用户增长中需要的实验方法，本章将针对实验分析中常见的问题给出解答，全面介绍如何科学严谨地评估实验结果。通过实验得到一个准确的结果也仅仅是开端，数据驱动在于如何基于实验效果推进接下来的决策。本章重点介绍如何挖掘更多的实验价值，并驱动后续行动。有一定实验经验的读者还可以了解两类容易造成实验分析错误的问题：正交分层的局限和样本比率偏差。

4.1 如何科学严谨地分析

尽管随机对照实验给我们提供了科学的分析方法，但是准确分析依然是用户增长实验面临的一个大挑战。除了需要具备基础数据分析能力，实验分析本身还需要克服一些特有的难点。

4.1.1 准确分析陷阱重重

首先，分析需要正确选择关注哪些指标，即哪些指标的提升能够真正代表业务本身的增长。准确分析需要更多关注到结果指标，而不是过程指标，尤其需要警惕过程中一些无意义的虚荣指标。例如，某些以拉新为目标的社区电商地推为了追求拉新量，地推人员可能会过多地强调首次下单的奖励并现场手把手帮助用户完单，而忽略人群的精准性和购物的持续性（例如，让散步的一家三口全部注册下单），导致获得的用户留存极差。这里的拉新量实际只是一个过程指标，结果指标应该是看用户的主动复购率及一段时间后的购买留存。实验方法能提供科学的评估手段，但是无法替代对业务增长的理解。如果用得不好，反而会带来一些虚假繁荣，让后续的资源配置误入歧途。再如，线上策略中一些 H5 落地页的曝光量、某些活动的参与量、红包的领取量等都仅仅是过程指标。我们更需要回归策略的目的，关注策略对用户留存、消费时长、消费金额等和业务价值高度契合的结果指标。

其次，在选对了分析的指标后，要尤其注意能导致实验组和对照组不可比的各种因素。第 3 章介绍实验方法时特别强调，通过实验看的增量是通过实验组和对照组对比得到的差值。这个差值能否真实反映策略带来的效果，就要看选取的实验组和对照组是否可比，这里往往容易出现问题。可比性首先要求样本是随机分组的，需要警惕随机算法是否有足够好的性能和稳定性，实验平台需要定期检验。对可比性的影响还会来自用户组间的干扰和流转，例如，出行或电商这样的双边平台存在供需的联动，对其中消费端的策略会影响到供给端。例如，打车平台对实验组用户发券，而对照组不发券；发券提升了实验组的叫车率，司机更多被派单去接实验组用户，使部分对照组用户发单后无人接单。我们最终对比发券对完单率影响时，就会造成实验结果的失真。虽然实验组完单率远大于对照组，但这个差值不仅仅是发券一个变量带来的。再如，针对低活跃用户设计的实验，目标是提升其活跃度，具体实验时通常会用到用户标签选择人群，但这些标签可能是会变化的。当策略产生效果后，可以看到一部分用户从"低活跃"提升为"中活跃"，就动态地跳出了"低活跃人群"这个标签。我们就能看到策略影响的人群持续在减少，实验分析出来的策略效果其实就打了折扣，这就是组间流转带来的分析干扰。此外，本章最后两节还会详细介绍两种极具代表性的分析陷阱，正交分层局限性和样本比率偏差问题。

最后，实验分析依赖对实验场景的理解，具体问题需要具体分析。总体来说，当面对一个实验场景时要明确三个内容：分析什么人群、从什么维度、看什么指标，这些就是实验分析方法的核心要素。不同的实验场景在分析大原则满足的基础上（可比性、结果置信等），需要针对性地设计有效的分析方法。以上段中针对低活用户的实验为例，我们分析的人群应该是实验期间所有曾经带过"低活跃"这个标签的人群，即使后续该用户的活跃状态发生了迁移，他们依然属于实验组。因为相对于对照组用户，他们的活跃度提升本身是策略带来的一种结果，需要包含在策略效果内。笔者在下一小节列举三类代表性的实验场景，详细介绍如何设计分析方法。

4.1.2 实验场景与分析方法

假设我们已经拿到了数据,在分析前需要确定分析方法。通常的分析方法包含三个要素:样本、指标、维度。

- 样本:指实验期间被实验圈中的用户,包含实验组和对照组;
- 指标:根据实验目的而定,通常包含整个人群的总体指标和人均指标两类,如实验组总时长、实验组人群时长;
- 维度:时间维度,即统计一天,还是完整的用户周期;人群维度,仅看当日实验用户,还是累计实验用户等。

不同的实验场景需要组合以上三个要素,得到不同的分析方法。下面通过典型的实验场景来具体介绍一些分析的要点。

（1）流量型

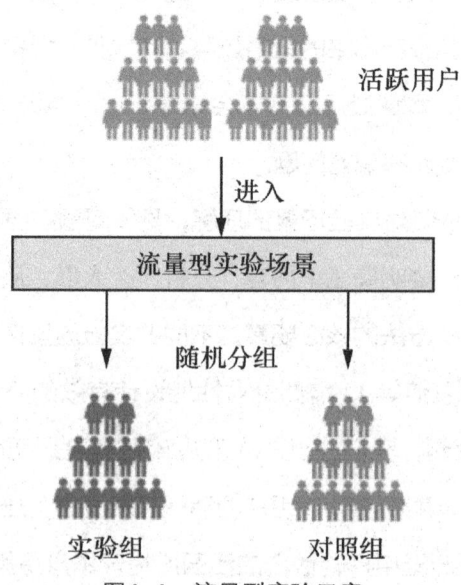

图4-1 流量型实验示意

流量型实验最常见，也最易理解和分析，它是指从所有流入实验场景的用户群中依据某些条件筛选一部分，随机分组下发不同策略（见图 4-1）。这种类型的实验有很多，最具代表性的有对进入 H5 页面的用户随机分组进行不同页面布局的展示，以及对所有打开 App 的用户随机分组进行不同开屏页的曝光。

流量型实验也是最理想的，因为整个样本总体可以看成是一段时间内状态稳定的群体。由于在实验前的一段时间，样本也是活跃的，可以得到理想的空跑期数据。即分好实验组和对照组后并不立刻下发策略，而是观察一段时间以验证分组的均匀性，并且可以在实验分析时消除空跑期的差异。与此对应，拉新或沉默唤醒的实验，新用户及沉默用户就不会有空跑期数据。

如图 4-1 所示，对于流量型实验，分析的目标往往是用户进入实验场景之后、在策略的影响下，实验组样本是否会表现出明显差异。所以，需要分析的样本都是当天活跃且进入实验场景的用户。我们可以明确分析的三要素如下：

- 样本：通常选每天进入场景的实验组和对照组用户；
- 指标：根据实验目的而定，因为样本中均为活跃用户，所以人均指标（人均时长、ARPU等）通常有意义；
- 维度：时间维度取决于所要观察的指标，一般需要关注完整的周期；人群维度一般仅看当日进入实验场景的用户即可，有需要时也可关注累积用户。

流量型实验是最基础和常见的，理解其中的分析要素，对做好其他类型的实验分析很有帮助。因为其他类型实验相比流量型实验而言，往往是其中一些要素的调整。常见的流量型实验场景还有视频或图文信息流的流推荐算法实验、App 首页各种功能入口素材（包括图标样式、动效、文案等）实验、电商详情页布局实验等。

（2）唤醒型

唤醒型实验也很常见。例如，我们圈定某 App 的沉默人群（不妨定义为 14

天内不活跃用户），实验组通过 App 下发 Push，而对照组不下发（或下发空策略）。实验的目的是评估下发 Push 对用户活跃度的影响。

唤醒型实验如图 4-2 所示，对比流量型实验可以看到两者最大的区别是样本在进入实验场景前就已经完成分组。因为我们需要影响的是沉默用户，不存在流量型实验那样大量用户流入实验场景的情况，只能在实验前预先确定好。

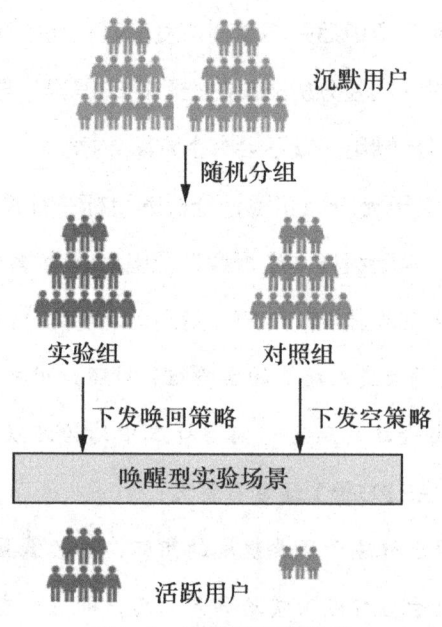

图4-2　唤醒型实验示意

我们在进行分析时，为保证可比，就必须将实验组和对照组的所有用户都考虑起来（而不是仅看活跃的那部分）。可以预见，实验过程中因为实验组下发了召回策略，相比对照组会有更多的用户从沉默变为活跃。分析 DAU、总时长等指标时，可以通过实验组指标减去对照组指标直接得到总体的增量。例如，DAU 提升 3%，即说明这个唤醒策略能够贡献 3% 的 DAU 增量。而当处理人均指标时（人均时长、人群收入、人均 PV 等）需要格外小心。以人均时长为例，很多实验平台的指标设计是基于流量型实验设计的，人均指标通常为总时长/活跃用户数。实验组通过 Push 唤醒用户后，其活跃用户数增多，但是由于唤回了部分沉默用户，其总体时长增加，人均时长可能反而会减少，所以最终可能造成"Push 降低了人均时长"的误判。

在维度方面，时间维度上因为沉默唤醒策略通常会持续一周时间，相应的观察周期至少是一周。如果是多次唤醒的策略，必要时还应该观察当策略停止后的一段时间活跃提升是否能保留。在人群维度上，需要看累积用户，即比较实验开始至今的实验组累积用户和对照组累积用户。这个问题很容易被忽视，笔者在此以"持续下发多次 Push"这样的唤醒实验为例进行简单说明。有经验的产品运营会知道，随着 Push 下发次数增多，一部分用户会转化为主动打开用户，而一部分用户可能就会关掉 Push 甚至卸载。所以，我们在分析"持续发了一段时间的 Push"对今天用户活跃度的影响时，就需要看这一段时间以来所有命中过 Push 策略的用户。如果仅看今天命中 Push 的用户，会漏掉 Push 可能造成的负面影响（很多关闭 Push 用户和卸载用户已经不在今天命中 Push 的用户之中了），因此很有可能得到"下发多次 Push"后用户的人均 PV 提升的错误结论。

综上所述，对于唤醒型实验，实验分析的三要素需要注意以下要点：

- 样本：所有沉默用户，实验组和对照组；
- 指标：根据实验目的而定，处理人均值要小心；
- 维度：时间维度通常看一周，人群维度需要看累积用户。

常见的唤醒型实验除了对沉默用户发 Push，还有 App 的图标红点实验，以及某些 App 通过短信下发优惠券实验等。这些策略的共同点就是面向 App 外部的用户。

（3）分享型

分享型实验由于涉及分享者和接受者两类用户而会更加复杂，很容易出现分析错误。例如，想看不同的分享文案对分享点击率的影响时，实验者很可能会将分享者随机分成 AB 两组，对应分享文案分别为方案 A 和方案 B，如图 4-3 所示。

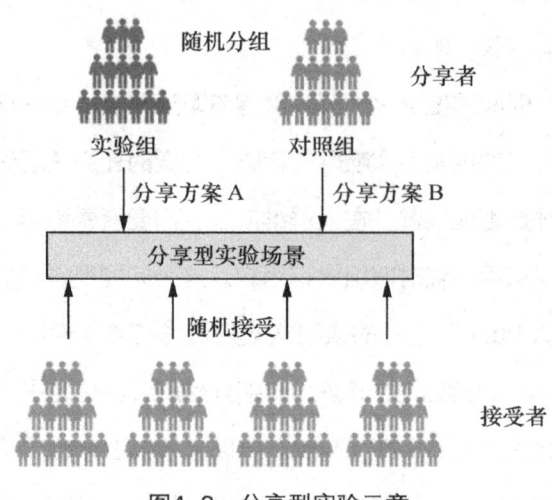

图4-3 分享型实验示意

然而，这里存在一个问题：A组和B组中的分享者很可能存在共同好友（接受者），这些共同好友有可能会在朋友圈先后看到A文案和B文案的分享链接。这些用户点击分享链接，很大程度上取决于先看到哪一条，而不是文案的具体内容。所以，A、B两组分享链接的点击率很可能无法反映文案的影响。我们设计实验时，无法保证用户分享给谁，也就无法预先设置"分享者－接受者"这样的用户对。如果需要考察分享文案的效果，则应设计成所有分享者随机出A、B两个文案，最终只需要分析的是A文案和B文案的点击率，而此时共同好友的影响就被抹平了。

分享型实验样本的选择取决于实验的目的，如上述分享文案点击率因为是面对接受者的，就需要看接受者对于随机两组文案的点击。如果实验的目标是量化分享图标样式带来的分享率差异，分析的样本就是分享者。

- 样本：视实验目标而定，既可以是分享者，也可以是接受者；
- 指标：分享率、点击率、裂变系数等；
- 维度：时间维度通常看一周，人群维度通常只需关注当天命中实验的用户。

现在，裂变也是非常流行的。裂变的文案、卡片样式、红包金额等都是关键的实验变量，分析时需要考虑分享场景的特殊性。

以上给出了比较常见的三类增长实验场景，以及在分析时需要注意的地方。以流量型为基础，更易于理解后续两种场景需要注意的问题。实验分析时往往不能一概而论，需要从实验目的出发来设计能够评估策略真实效果的分析方法。

4.1.3 实验结果要可靠：假设检验

通过实验分析，我们能得到实验组相比对照组的差异。例如，某增长策略提升了 0.5% 的 DAU，或提升了 0.5pp 的次日留存。得到正向的增量可喜可贺，但也需要冷静，首先我们需要确认这个提升是否是统计显著的。这就涉及一些基础的统计学知识。

前一章详细介绍了实验的设计，我们知道实验方法是通过从总体中抽样进行实验完成的，即利用样本数据作为基础得到总体结论的方法，统计学中称为推论统计。既然是抽样，就难免会有抽样的偏差。具体到增长指标，尽管我们预期选择一个随机样本，但依然有一定概率的样本均值与总体均值之间存在偏差、实验组和对照组之间存在偏差。在比较理想的情况下，这个偏差很小，可以忽略。然而，当这个偏差大到和预期的策略提升接近时，策略是否有效就需要严谨判断。这也是实验结果需要做假设检验、确认指标变化是否显著的原因。

在增长实验中，假设检验的目的是确认策略带来的影响，即实验组的指标与对照组之间的差异是否显著。下面简要介绍在增长实验中如何理解假设检验。以任意一个增长指标为例，我们要关注的是被增长策略处理过的样本的指标均值与对照组指标均值之间的差异。对于随机抽取的一个样本（含多个用户），其指标均值是符合正态分布的。我们在图 4-4 中可以看到，假设进行很多次抽样，样本的指标均值主要集中在中间并在中点存在一个极大值，而在偏离中心越远的地方,分布就越少。该曲线呈现一个钟型结构,两端出现的概率低。对于正态分布的假设检验,统计学中一般使用 t 检验。下面以增长实验中最常见的实验组与对照组样本均值差异是否显著为例,简要介绍假设检验的一般步骤。

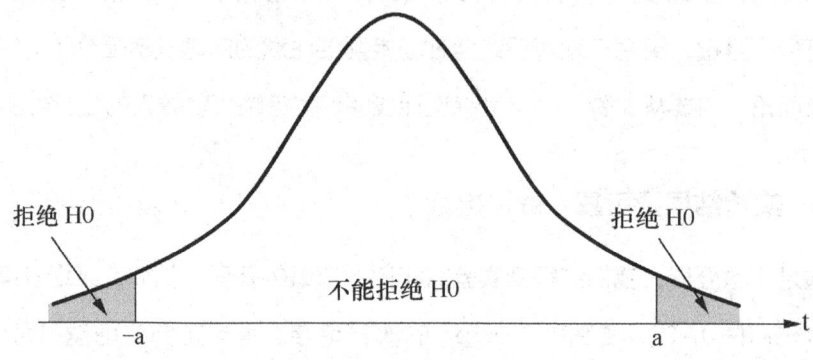

图4-4 样本均值分布示意和假设检验

第 1 步,提出原假设并定义显著性水平。

我们先有原假设 H0,它可以表述为"策略效果 = 总体均值 − 样本均值的值接近于 0",即策略不能带来显著效果。基于原假设得到一个对立的备选假设 H1,可表述为"策略效果 = 总体均值 − 样本均值的结果显著偏离 0",即策略能够带来显著效果(姑且不论是正向影响,还是负向影响)。这类案例中,显著性水平 α 通常选取 0.05,即这个检验有 95% 的概率会做出正确判断。

第 2 步,定义拒绝域。

拒绝域是指一旦检验统计量落到这个区域(这是一个小概率事件),就能够拒绝原假设,而认为备选假设成立,即策略有效果。拒绝域涉及自由度、样本中的用户数量、显著水平和检验方法(单侧或双侧)。通过查正态分布表,我们可以直接得到拒绝域,即 t 值的范围。从图4-4可知,拒绝域是指双侧的阴影区域,即当 t 值大于 +a 或小于 −a 时,可以认为策略有效。

第 3 步,计算检验统计量(t 值)。

得到拒绝域后,接下来计算真实的 t 值,看其是否处在拒绝域内。t 值的计算需要样本均值、标准误等。

$$t=（样本均值-实验组与对照组均值差异）/估计标准误$$

其中，估计标准误 =sqrt（样本方差/n），样本均值和均值差异均为实验测得。

第 4 步，得出假设检验的结论。

计算得到的 t 值与拒绝域对比，可以得到假设是否成立，即实验组中应用的策略是否能够显著改变增长指标。最后得到"显著增大""显著减小"或"不显著"三种可能的结论。

需要指出，上面得到的结论是通过点估计得到的，比较专业的实验系统通常需要给出区间估计，而不仅是点估值，即给出一个指标增量及置信区间。以上内容是为了帮助读者理解增长实验中假设检验具体如何实现，关于区间估计，可以参阅《行为科学统计精要》的相关内容。

我们通过上面的内容可以得知，增长实验是在做一个 t 检验，实验结果显著说明策略能够对用户行为带来影响。然而，显著性是一个统计学概念，理论上我们选用的样本用户量越大，就越有可能将极小的指标变化认为是显著的。例如，选择了千万级别的用户量下发某个策略，得到 DAU 提升了 0.05%，通过假设检验得到这个提升确实是显著的。然而，站在业务场景，花如此大的成本下发这个策略，影响到千万级的用户，DAU 仅提升了极小的 0.05%。即便是显著的，我们是否应该将策略例行化呢？如果这个提升对于业务没有明显的价值，是有必要谨慎评估的。有一个用于评估策略影响的指标需要关注，那就是 t 检验的效应值（Effect Size）。效应值由保罗·寇恩（Paul Joseph Cohen）提出，故也称为 Choen's d 系数（下文简称 d）。

$$d=均值差异/标准差=（实验组均值-对照组均值）/标准差$$

一般而言，d=0.2，即均值差异在 0.2 个标准差左右，可认为效应较小；d=0.5，可认为是中等效应；d=0.8，可认为效应较大。所以，即使实验结果具有显著性,也很有可能其业务价值极小,我们不应该认为这个增长策略是有效的。

假设检验中的显著性水平(α)选择是一个权衡,通常选择0.05,表示我们在检验时犯第一类错误的概率是5%。第一类错误在增长实验这个场景中可以理解成将无效策略认为有效了(暂不考虑效应大小),它的不良影响较大,可能错误地扩量、上线和推广,然后发现实际上策略并没有效果。如果要求严格,显著性水平还可以选择0.01,甚至0.005。显著性水平越高,意味着需要越大的提升才能认为策略对指标的提升是显著的。

假设检验中还会碰到多重检验问题。通常一个实验上线,我们会每天关注检验效果。当某天发现得到置信结论以后,一般就会认为实验有效甚至提前结束实验。其实这个过程存在误判的风险,可以用概率论的知识来解释。每天都看显著性,意味着每天检验1次。结合上文中显著性水平 $\alpha=0.05$,我们得知检验1次错判的概率为5%,检验n次且一旦出现显著即做出结论时,误判概率 $=1-(1-\alpha)^n$。假设我们连续检验3天并在第3天得到显著性的结论,误判概率会达到14.3%,可见误判概率显著增大了。所以,我们仅需要在实验结束后进行一次检验即可。

近年来,关于实验结果是否显著、实验结论是否严谨的实践和科研工作一直在进行。限于篇幅,本书仅介绍最常见的一些问题,感兴趣的读者可以在统计学相关图书或在线实验相关文献中获得更多知识。增长实验以获得增长指标提升为优先,很多时候相比对结果精度的深挖,提升效果和挖掘策略价值显得更重要。

4.2 如何挖掘实验价值

实验分析完成后就需要做出判断:策略效果究竟如何,下一步需要怎么展开。具体地说,效果好怎么办?效果不好怎么办?再进一步,这个结果背后有没有潜在的深层价值值得挖掘和提炼?

4.2.1 效果好,如何乘胜追击

当"排除万难"得到非常不错的实验结果时,就可以考虑如何扩大这个策略的影响了。放量的节奏没有统一标准,可以根据策略的紧迫程度、成本预算甚至服务器的抗压能力等权衡判断。例如,通常可以选择分三步进行:2% → 20% → 100%,2% 作为小流量测试,20% 作为初步的测试,效果稳定后放到 100% 全量。

放量的节奏因策略而异,而发掘策略的通用价值应用到相似场景、相同问题中去,是实验的重要价值之一,下面给出两个案例。

案例 1

假设通过素材优化,某个入口的点击率提升了 2pp,接下来可以怎么做?有一些思路可以参考:首先,分析素材的优化,为什么提升了点击率,是利益点的吸引力更大了,还是文案更加吸引点击;其次,究竟满足了用户的何种利益点,是浅层的价值,还是触动了深层次的动机;最后,基于对前两个问题的认知,判断是否存在一些相关的场景、功能、页面,也可以使用类似的优化思路。

案例 2

假设某内容消费 App,实验发现在注册当日引导新用户完成收藏后,该用户群的 7 日留存率相比未做引导的对照组提升了 4.5pp。这个提升非常可观,值得深挖其中的因果关系:为什么用户完成收藏后更愿意留下来。猜想应该是收藏后新用户在 App 内拥有一些"资产",产生了黏性。但这只是猜测,还需要进一步设计实验来验证,例如,可以用更好的交互设计来强化收藏的感知,引入更多"资产"(如收藏得金币),进一步验证是不是因为产生了资产而提升了留存(可以参考 3.4.3 节提到的边际效果归因)。假设验证了用户完成收藏后,因为有资产而增强了黏性，就可以再放开思路：除了收藏以外，还有哪些优化可以让用户产生更强的黏性。例如，用户互动、有行为激励和成就系统等是不是会更好。这样，一个实验的效果就可以引导我们逐步展开策略的深挖和延伸，这是更高层次的"乘胜追击"。

4.2.2　效果不好，如何提炼价值

上面说到的是策略效果不错的情况，事实上，更多的时候需要面对策略的无效和失败。当策略无效时，除了失落和疑惑，也还有事情值得去做。

首先需要明确，策略无效可能是因为策略触达了用户，但没有改变用户的任何行为；也有很大的可能是策略并没有触达足够多的用户，自然也就没有明显的效果。通过漏斗分析可以找到策略无效的根源，即从策略下发到生效过程中的各个环节，转化率都是怎样的，是否存在某个环节产生巨大流失。按照目前的转化率，如果做了优化，效果是否会变得明显。过往的经历中，我们还发现过因为漏洞导致策略未能如预期下发，导致最终看不到显著效果的情况。我们可以先用这个思路尝试重新唤回希望。

另一种情况是策略下发无误，但整体没有效果，此时可以通过下钻分析去看各个用户分群的效果。通常可以通过用户的属性（性别、年龄段、地域、手机品牌等）及用户行为（是否登录账号、是否使用过某功能、是否有过支付行为等），将用户分为若干小块。需要注意，这个分块是同时发生在实验组和对照组中的，这样就可以"构造出"若干的细分实验了。例如，可以看到不同年龄段用户的实验效果，发现其中一些年龄段的效果是很不错的，而另一些年龄段的效果是负向的，很有可能正是这种情况抵消掉了效果，整体显示出策略无效。基于策略效果的分群分析，可以帮助我们找到新的假设，单独挑出策略有效的人群，严谨起见再做一次实验验证。而无效和负向的人群可以结合人群特点再分析无效的原因。

上面提到的漏斗分析也可以根据人群来纵向切分，从而发现不同人群的转化率差异，找到提升的可能性。这里反复提到的用户分群依赖标签体系，涉及一些大数据的基础知识，第 5 章将会有完整的介绍。

4.2.3　实验价值挖掘的三点建议

实验价值挖掘还可以进一步做到脱离策略本身，传播给类似工作领域的同仁，甚至传播到其他领域被加以改良和应用。回归实验方法，尤其是科研中的实验，设计初衷需要具备三种特质。

（1）强目的性

强目的性能避免很多无意义的尝试，更有针对性地投入实验资源和分析人力，最快地得到策略效果，引导下一步决策。在实验价值的挖掘上也是如此，可以分析的实验结果有很多，需要时刻记住目的是什么；当余力不允许时不要节外生枝，荒废了核心任务。

（2）可归因性

验证因果关系是实验价值挖掘的核心目的之一。任何策略有效、无效均有原因，尽可能验证有价值的、未知的因果关系，这样能够将实验的价值提升到更高层次。包括科研领域在内，验证因果关系都是找到问题解决方案的理想方法。尽管很多时候非常难，但是通过不断的假设、实验、新假设、新实验，可以不断逼近根本原因。

（3）可复制性

科研中优秀的实验成果都会投稿发布到权威的期刊，这既是对科研工作的重要激励，也是将实验价值共享给全人类的有效途径。要想让价值真正能传播开来，就需要挖掘实验的通用性，以复制到其他科研土壤，或者就互联网领域而言可以应用到其他产品中，发挥其通用的价值。

4.3 如何数据驱动决策

数据驱动是一个很大的课题，我们并不陌生。大前研一在《思考的技术》一书中概括了经典的决策三段论：发现问题→找到根因→解决问题。笔者在此可以借鉴为通过数据分析找到问题的根本原因，进一步驱动策略去解决问题。实验方法是非常契合于这种思路的：数据分析→形成假设→实验验证→迭代策略，这正是用户增长的核心工作流。在实验验证后，需要驱动产品规划、运营策略的迭代。本节聚焦在实验结果如何有效驱动决策上。

4.3.1 实验结果的内部驱动

我们先来讨论如何进行增长团队内部的驱动，它指在小项目组范围内驱动策略或实验方案的优化。事实上，实验除了得到置信的实验结果进入分析之外，经常还会碰到一些不理想的情况。

（1）重新实验

通常有三种需要重新设计实验的情况：第一，实验条件不足——通过及时的数据验证，发现实验组和对照组未按预期命中策略，需要立即停止，去修复实验上游的问题；第二，实验无效果——经过反复挖掘均无效果，需要反思策略本省是不是有问题；第三，也是最严重的——实验期间出现较明显的用户负向反馈，有可能是策略影响了用户的核心使用体验，需要立即终止，尽快做好策略回退和优化。

（2）重复实验

通常有三种情况需要考虑重复实验或延长时间：第一，初期验证有效，但效果衰减明显，这很可能是新策略上线后用户因为"新奇效应"有了积极的响应所致；第二，即便做了充分预估，但实验过程中因为效果低于预期，导致原本选择的最小样本量无法满足置信度要求,这时候需要考虑增加样本或延长实验时间以累积足够多的样本;第三,有可能实验期间遇到了一些影响较强的热点事件,这些事件的影响同时发生在实验组和对照组,有可能会覆盖掉一些策略的差异,需要选择另一个常规时段重复验证。

4.3.2 实验结果的外部驱动

前一章强调了实验文化需要打造,这个打造过程正是实验结果外部驱动的集中体现。外部驱动主要包括团队间目标协同、实验评审和复盘、实验结果共享机制。

- 团队间目标协同,基于实验分析结论明确分工和优先级;
- 实验评审和复盘,尽可能保证规范和高效运作;
- 实验结果共享机制,激励优秀,打击重复低效执行。

关于实验结果驱动决策,可以展开为具体的方法,这部分内容将在第 7 章整体介绍。

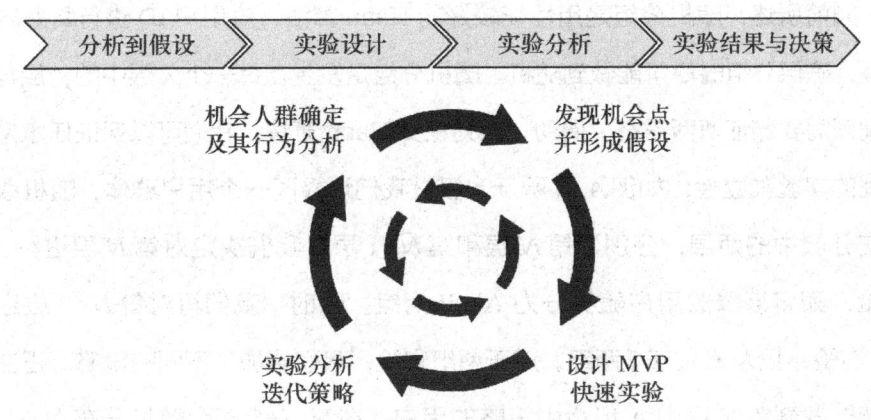

图4-5 实验数据驱动决策示意

总体而言，通过内部和外部的驱动，整个实验方法预期能够如图 4-5 所示的一样，有效地驱动用户增长。工作流程上，由分析开始，形成假设后进行实验，通过实验分析的结果去影响决策。而具体的数据驱动循环如图 4-5 下方所示，驱动主要发生在实验分析完成之后，进入新的一轮策略迭代。

4.4 正交分层和平行宇宙

笔者在第 3 章关于实验设计的部分简单提到过正交分层，它的作用在于将有限的用户数或流量同时用于多个实验而互不干扰。在理想情况下，正交分层体系中的每一层就像是一个与其他层互不干扰的"平行宇宙"，可以各自进行独立的实验。

4.4.1 正交分层解决了什么问题

在正交分层的体系里，一个用户很可能同时被多个实验命中。既然这样，如何能做到实验之间没有互相干扰呢？

如前所述，随机分组是用性能较好的 Hash 算法，对用户 ID 进行特殊转换处理，确保分组时尽可能做到随机。随机分组是发生在每一个分层中的，层与层之间则需要保证两两正交。借助一系列正交 Hash 算法，我们可以保证任意两层之间的实验独立性。如图 4-6 所示，假设我们选择同一个用户群体，随机取到正交分层中的两层，分别为第 N 层和第 $N+1$ 层。我们决定对第 N 层进行 AB 实验，即将该层的用户随机分为 A、B 两组。同时，我们再对第 $N+1$ 层进行 AB 实验，记为 A1、B1 两组。对于两组实验，我们施加了不同的策略。正交分层能够做到第 N 层中 A 组命中策略的用户，在第 $N+1$ 层会随机分布在 A1 和 B1 两个组。当我们在分析第 $N+1$ 层的实验效果时，可以认为 A1 组和 B1 组受到相同的、来自第 N 层策略的影响，故在分析 A1、B1 效果差异时，可以将来自其他层的影响忽略不计。

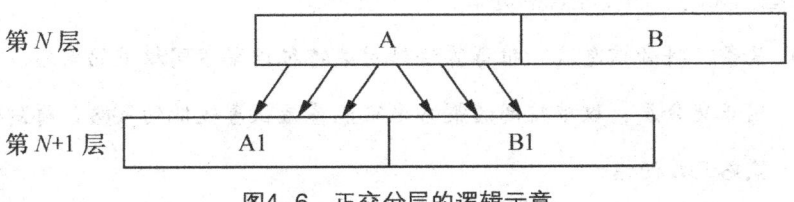

图4-6 正交分层的逻辑示意

通过正交分层,我们可以做到当样本量有限时依然能够同时进行多组实验,这有助于我们更快速找到有效的策略。因此,正交分层也成了成熟实验平台的标配。然而,并不是满足了正交分层,我们就能认为可以无视不同层之间的策略干扰。

4.4.2 正交分层的局限性

正交分层若想保证策略之间无干扰,还需要一个前提:不同层之间策略的相关性需要尽可能低。先举例说明策略相关性,例如,常见的给用户发红包策略,假定策略 1 是每人发 0.5 元,策略 2 是每人发 1.0 元。这两个策略都是发红包,是高度相关的(本质上是同一类),其效果会产生干扰。试想,如果我们实验时分别取一层来下发策略 1,另一层与之正交,下发策略 2。我们由图 4-6 可以看出,策略 2 将会均匀地影响到策略 1 的实验组和对照组。从这个案例来看,因为策略 2 下发的金额较高,效果大概率会好于策略 1。所以,当分析策略 1 的效果时,我们很可能发现其实验组相比对照组没有提升,从而得到"发钱无效"的实验结论。其原因就是策略 1 的实验组和对照组均匀地受到了策略 2 的影响,策略 2 更强,因而覆盖了策略 1 的效果。

策略相关性难以准确量化,可以通过策略种类及参数是否会出现增强、削弱、替代等来判断相关策略之间是否会存在相互影响。上面是一个典型的强策略覆盖弱策略的案例,它会让弱策略看起来是无效的。由此可见,正交分层有其明显的局限性，即使使用了正交分层，依然无法避免相关策略之间的干扰。下面再列举一些常见的、需要注意的场景。

- 头条、抖音信息流，推荐算法针对某特征设置不同权重的实验。如果使用正交分层，权重较高的策略很可能覆盖权重较低的策略，得到低权重策略无效的结论。

- 在百度搜索结果页中，用户点击会打开百度App或百度小程序（如图4-7所示，方框区域点击即可调起），这是一种常见的拉活方式。对不同调起方式（例如，点击百科、点击知道调起）做效果分析时，二者间可能存在干扰。例如，百度知道能够覆盖的关键词和问题更多，极有可能每一位用户每天都会被知道调起1次，而百科覆盖的搜索请求（Query）相对少，使用正交分层做这个实验（一层是点击百科调起，另一层是点击知道调起），很有可能会得到"通过百科调起百度App是无效的"这种结论。

图4-7 点击百度搜索结果页调起百度App或小程序示例

实验分析需要基于实验场景制定有针对性的分析方法，更需要选择正确的实验方式。当需要验证这种相关度较高的策略差异时，需要使用同一层来进行分组，不同策略放在一个分组中进行组间策略互斥的实验。

4.5 容易被忽视的样本比率偏差

实验的样本比率偏差问题（Sample Ratio Mismatch，SRM）是指实验组和对照组样本偏离预期所带来的对实验分析结论的影响。虽然大家在平时的工作中并没有特别关注 SRM 问题，但是它在很多环节都可能存在，尽管其差别有时可以忽略不计，有时却能够颠覆实验结论。

4.5.1 SRM问题的影响

SRM 问题的核心是实验组和对照组的实际比例和理论比例有所偏差。而分析时使用的是理论比例，这个偏差就使分析结果失真，严重时会得到错误结论。例如，我们按照50%/50% 设计了实验组和对照组，这时的理论样本比例为1.0/1.0。假设实验下发过程中因为某种原因，部分对照组也被策略影响（或污染）了，使实际的样本比例是 1.05/0.95。这会造成什么后果呢？

由 3.2 节可知，在分析效果时需要以理论的样本比例为基础，对比实验组与对照组的指标之差。也就是说，没做实验时，这个指标差应该是 0；做了实验，它会偏离 0，这个偏离值的大小就是实验带来的影响。在这个案例中，我们为了便于理解，不妨把实验前各组的指标都设为 100，SRM 问题的影响可概括如表 4-1 所示。

表 4-1 SRM 对实验结果分析的影响示例

	实验前指标（理论值）	实验前指标（实际值）	实验后指标	实验效果
无SRM-实验组	100	100	105	+5

续表

	实验前指标（理论值）	实验前指标（实际值）	实验后指标	实验效果
无SRM-对照组	100	100	100	
有SRM-实验组	100	105	110.25	+15.25
有SRM-对照组	100	95	95	

注：有SRM-实验组的实验后指标=105×1.05=110.25，其中1.05是策略的提升效果。

如表4-1所示，这个案例中SRM问题将实验效果夸大了2倍以上。虽然实际工作中SRM一般不会如案例中这么明显，但我们依然需要注意。例如，实际样本比例是1.01/0.99，上述案例中实验效果偏差依然可以达到41%；而实际样本比例低至1.001/0.999，实验效果偏差也还有0.2%左右（感兴趣的读者可以自行计算）。判断样本偏差是否显著，可以使用卡方检验。而造成SRM问题的原因有很多，也可能遍及实验各主要环节。

4.5.2 SRM问题会发生在哪些环节

SRM问题存在于实验部署、执行、数据采集、实验分析等主要环节，以及实验时的外部干扰。

（1）实验部署

实验部署阶段涉及分层、分组的随机算法的性能和稳定性。能否完成理想的正交分层，能否完成大量、实时的随机分组，能否在一段时间后依然保持这种效率，这些算是SRM问题产生的最主要根源。此外，一些实时服务的漏洞也会导致分组不符合预期，实验平台在有重要迭代或修改后，尤其需要测试是否对分层分组产生影响。

（2）实验执行

实验部署完毕后，下一步就需要下发策略，而下发策略需要时机。假设用户端需要给用户展示两套 UI，这个策略需要同时对实验组和对照组下发，以避免下发时机不同带来的偏差。如果实验组下发完再下发对照组，很可能两个时间段的网络情况不一致、用户活跃度有偏差，从而引入很多不必要的变量。即使同时下发，也需要注意避免引入"不必要的样本过滤"。例如，我们经常会遇到的实验场景：A 组下发某策略、B 组不下发，如果实验具体执行时是 A 组下发而 B 组不下发，最后拿 A 组下发策略的用户和 B 组对比，可能引入了一个"过滤条件"。因为 A 组并非 100% 能下发成功（由于服务端流量控制，有时甚至会远低于 100%），如果拿 A 组中下发成功的用户对比整个 B 组，可能会出错。如果 A 组下发策略，B 组不是不发，而是下发"空策略"，下发成功与否这一层筛选可以避免掉。

（3）数据采集

这里主要关注实验组和对照组的数据上报是否一致、是否准确，ETL 过程是否可靠。这些需要实验平台、策略下发平台、用户端产品联动来检查确认，并且每增加一个需要实验的功能点、资源位，都需要确保数据上报的方式、数据质量满足未来实验分析的要求，即数据可比性。

（4）实验分析

分析过程中的 SRM 问题类似于前面提到的不满足可比性，即分析师因为一些样本偏差被忽视、以理论的样本比例进行分析造成的错误。这里具体会涉及分析起点问题，即选取哪两个人群进行对比，一般需要从源头选择样本保证可比性。

（5）外部干扰

外部干扰通常来自实验设计之外的不可控因素。例如，AB 两套落地页实验，其中一套不小心被用到其他活动中，有很多预期外的流量进入而造成误判。

上面提到的造成 SRM 的可能原因可以简单地分为两类来处理：哪些是实验平台需要克服的，哪些是实验分析需要注意的。表 4-2 对此进行了简要的梳理。

表 4-2 主要的 SRM 问题原因及应对方法

	常见原因	应对方法
实验平台需要注意	分层不正交、分组不随机	选择性能足够好的随机算法
	实验部署过程中的漏洞	每次迭代后需要重点测试
	策略下发导致样本不可比	严格对齐组间策略下发时机和条件
	数据采集和上报问题	保证组间数据上报的一致性和准确性
实验分析需要注意	分析时忽视了SRM	卡方检验明确偏差是否显著
	选择了错误样本，组间没有对齐	确定分析时各组样本的可比性
	分析时忽视了外部干扰	注意首先排除掉外部流量的影响

产生 SRM 问题的原因有很多，但其最终影响实验分析结果时，都是破坏了实验组和对照组间的可比性，可谓殊途同归。在实验平台设计和实验分析时，需要针对具体问题找合适的应对方法。

> **本章总结**
>
> （1）实验分析需要注意一个大前提，就是分析样本之间必须要有可比性。
>
> （2）实验分析需要根据实验场景确定分析方法，分析方法的三要素：样本、指标、维度。
>
> （3）不论实验结果是否有效，都可以进行进一步的价值挖掘。有效的策略需要尽快扩量，而无效的策略也可以挖掘有效的人群。
>
> （4）实验结果需要驱动决策，包括增长团队内部做实验迭代，也包括针对外部团队协同目标和事项优先级。
>
> （5）实验分析时还需要考虑一些复杂问题，包括正交分层的局限性及样本比率偏差。

第5章

按需搭建增长工具

当我们形成增长假设，确定了对哪些人群下发什么策略时，接下来就需要借助一系列增长工具使其落地。增长工具的意义在于极大地提升策略下发的效率。相比传统的运营系统，增长工具更加强调实验及实时反馈。图5-1所示是增长工具的基本构成，它需要包含实验平台和任务系统两大部分。实验平台至少包括用于圈选人群的标签系统，以及完成实验配置和结果展示的实验模块；任务系统则至少包括任务配置、下发，最好还能满足数据的实时回收。实验平台和任务系统之间以人群为纽带，共同完成向指定人群下发策略的工作。

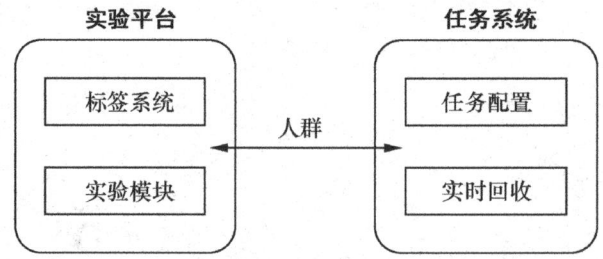

图5-1 增长工具的基本构成

本章内容可以为做用户增长工具的产品经理重点参考。作为使用者的产品运营和其他用户增长实操者，也有必要了解这些常用工具的实现方式，以更好地挖掘其价值。

5.1 实验平台

一个基础的实验平台需要满足三项功能：(1)圈选人群——通过一定规则选定实验人群；(2)分层分桶——通过算法将实验人群随机分成若干小份，再进一步选择其中的若干份用于分组；(3)结果展示——将实验的结果和结论科学地分析和展示。除此之外，还可以设计一个分人群查看实验结果的下钻功能，用于快速了解实验策略对不同人群使用的效果差异。图5-1中标签系统用于圈选人群，实验模块用于完成分层分桶和结果展示。

5.1.1 圈选人群

用户增长的策略下发从选定人群开始，通常需要根据一系列特征来圈定人群。例如，可以通过人群属性特征，选择某些区域、某个年龄段的用户；还可以通过用户行为特征，选择最近一周沉默的用户；也可以根据算法模型预测的结果，选择预测未来一周不会活跃的用户。

特征、标签、画像是三个容易被混淆的概念，需要明确区别。在用户体系中，特征是描述用户特点的最小单元，如用户年龄、性别、手机型号、周活跃频次。标签是一个产品形态，它由一个或多个特征形成。例如，"性别"这一个特征就构成性别标签，而"性别：女"和"年龄：18～30岁"两个特征可以具象出一个"年轻女性"标签。画像又是由一个或多个标签进一步具象而来。例如，上述"年轻女性"标签加上"购物偏好"标签、"内容消费偏好"标签，可以得到一个用户画像："偏好网络购物，但对价格不敏感的年轻女性"，能够代表一类人群。

为了让产品经理、产品运营灵活高效地创建人群，需要将以上提到的人群属性特征、行为特征、预测特征等做成标签。操作者在标签系统通过简单选择、拖拽即可完成人群圈定。图 5-2 所示是一个典型的标签系统工作流程。

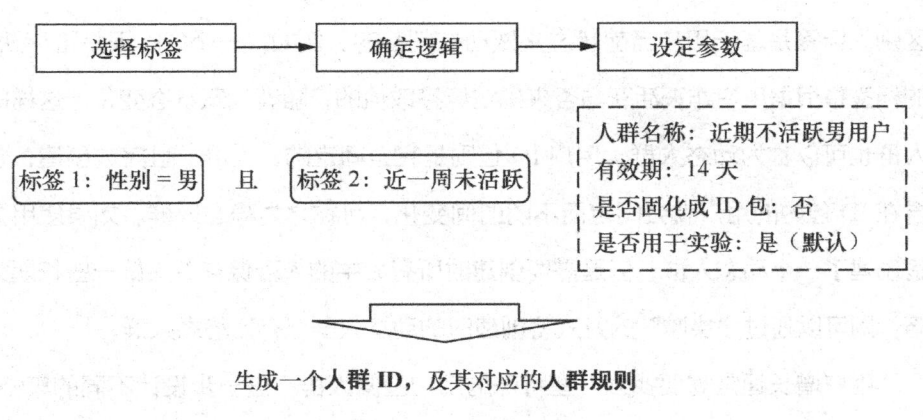

图5-2 标签系统操作流程示例

第1步，操作者需要从标签仓库中挑选需要的标签；第2步，确定不同标签之间的逻辑关系，包括或、且、非三种；第3步，设置人群的必要参数，包括人群名称、人群有效期，以及人群是否需要固化成ID包、是否用于实验（默认是）。完成这3步操作并提交系统后，就会生成一个人群ID，以及与其对应的人群规则。这些规则保存在服务端，只要规则处于有效期且发生人群匹配请求（即App前端通过用户ID请求判断该用户是否在此人群ID中），都可能会消耗计算资源。所以，设计标签系统时需要考虑人群的有效期。同样，后续介绍实验配置时也需要配置实验有效期。

除了通过标签创建人群，上传人群包也是标签系统常见的一种创建人群方式。标签从规则定义到上线需要数据准备，走开发流程。当某些标签还没有接入系统但急需使用时，可以通过将符合标签规则的用户ID包上传到标签系统的方式快速生成临时标签。上传人群包可以理解为一种特殊的标签，它的匹配规则就是"某用户是否被包含于该人群包"。与传统运营系统不同的是，这个人群包标签可以与系统中其他标签进行和、差、交等运算，进一步得到更细致的人群规则。例如，用上传人群包与"近一周不活跃"标签取交集，就可以得到上传人群中近一周不活跃的用户。

需要指出，通过标签创建和上传人群包两种方式所得到的人群有一个明显的区别。标签是基于用户当前状态来做动态判断的。例如，一个"昨天是否活跃"的标签是根据用户昨天活跃与否来确定标签取值的，随着活跃状态变化。这样的人群也可以称为动态人群。用户ID包则是完全固定的，人群一旦完成创建，包含在ID包内的用户就会固定而不随时间变化，可称之为静态人群。如果使用标签创建了一个动态人群，但是需要创建时所有命中的人群保存下来做一些长期策略，则可以通过"快照"的方式将创建时的动态人群保存为静态人群。

用户增长通常需要找到一些特殊的用户画像人群，进一步设计不同的策略。在定义这个用户画像前，需要用很多标签做实验，逐步得到一个精准的人群和有针对性的策略。这无疑是一项烦琐的工作，所以目前很多用户增长工作都还是针对比较粗的人群。是否需要针对精细人群细分策略，取决于对细分人群是否能有差异性策略，为了细分而细分往往只会增加更多无谓的工作量。

那么，如何搭建一个标签系统呢？下面简要介绍 3 个关键步骤。

第一，需要用户 ID 化。通常某个产品都会用自增的形式生成一套用户 ID，如最有名的微信 openID。用户 ID 需要保证新用户随机自增，每获得一个新用户就会随机生成一个 ID，这个 ID 与用户特征无相关性。

第二，确认用户 ID 后，需要把所有特征填充到以 ID 为主键的宽表中。从字面意义上理解，宽表就是字段比较多的数据库表。在标签系统中，宽表通常是指与用户相关的属性、行为指标、预测评分等特征关联在一起的一张数据库表。使用宽表存储标签数据的好处就是查询更加高速和便捷。这种宽表的设计广泛应用于数据挖掘模型训练前的数据准备，通过把相关字段放在同一张表中，还可以大大提高模型训练过程中迭代计算时的效率问题。对于实验平台而言，宽表可以保证在人群匹配时得到快速反馈，尤其是在标签组合很复杂或高并发时。然而，宽表也存在一些弊端，如维护成本高、数据延迟等。如果数据量不大，使用宽表的优势很可能不够明显，因此需要根据业务特点做好选择。

第三，需要完成特征标签化和产品化，即提供一个用户界面让操作者能够自定义人群。常见的标签可以分为三大类：用户属性（包含人口学属性、设备属性等）、用户行为（含实时行为、非实时行为甚至行为序列）、挖掘类标签（活跃度预测、LTV 预测等）。介绍用户画像的图书和文章也有很多，此处不再展开，重点针对用户增长中常用的一些类型简要整理如表 5-1 所示。

表 5-1 用户增长常用标签举例

类别	标签名	标签值	用途举例
用户属性	年龄	12~15、15~18、20~25 等	圈选具体年龄段用户
	手机品牌	具体品牌	圈选指定手机品牌用户

续表

类别	标签名	标签值	用途举例
用户行为	近一周活跃天数	0~7	圈选不同活跃天数的用户
	昨日支付金额	具体数值范围	圈选指定消费额的用户
数据挖掘类	流失风险	高、中、低	圈定高流失风险用户
	电商广告受众	是、否	圈选电商广告受众定向投放

搭建好了标签系统，需要让其接入整个产品体系中发挥作用。图5-3介绍了标签系统与其上下游的交互，可以帮助理解标签是如何发挥作用的。以App中针对某人群配置一个弹窗为例。如图5-3所示：第1步，进入App前端的用户首先向标签系统发起人群匹配请求，即判定用户是否带有某个标签；第2步，通过标签系统筛选出目标人群，根据实验分组判断用户是否需要下发策略，并返回结果告知后端（任务系统）准备弹窗任务；第3步，如果确认需要下发弹窗，后端完成弹窗资源的下发并通过前端完成展示。简单的3步之后，用户就可以按照要求命中策略、看到弹窗。

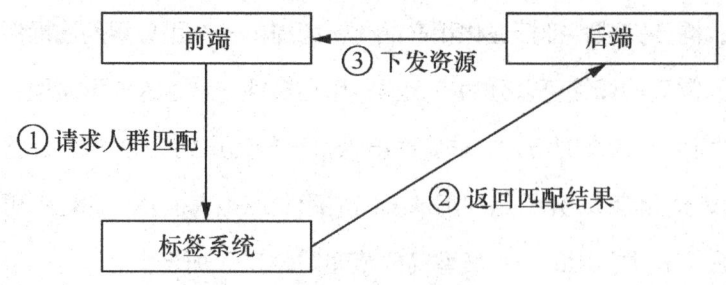

图5-3　标签系统和上下游的数据交互

标签系统分为离线标签和实时标签。当不要求实时性时，实验操作者可以把标签值按周期更新存放。例如，年龄、性别可以按周来更新（主要是为了按期增补、修正数据），而"昨日是否活跃"这一类标签可以按天来更新。当标签需要实时更新时，实验操作者就需要连接实时服务（如Kafka）。随着用户增长的难度增大,很多策略要求在获得实时特征时就第一时间触达用户。所以,实时服务的要求会越来越多。例如,信息流产品基于用户实时反馈做跟随策略,需要知道用户的实时消费状态,并基于当前状态来调整推荐策略或跟进新内容;滴滴基于实时交通状态、天气、供需状况等下发优惠券的策略,这就依赖于实时标签。对于新用户的很多补贴策略,也需要实时判断用户是否已经完成首单,一旦已经完成,很多补贴可以及时减少(5.3.1 节详细介绍)。

5.1.2 分层分桶

当完成人群选定、设计好实验分组之后,需要将各组用户按照实验设计匹配策略。为了实现随机对照量化效果,实验平台需要提供将用户(或流量)正交分层、随机分桶的能力,最后由实验操作者设计随机分组对照实验。随机分组是实验有效的最基础要求,而正交分层的目的是保证每一层的策略可以均匀影响其他层中的各个分组。二者共同作用,保证实验平台可以满足大量、并发实验的需求。

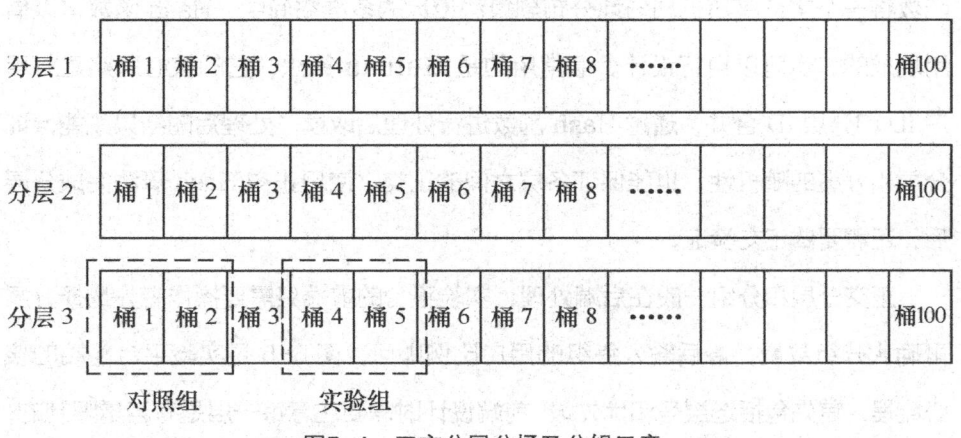

图5-4 正交分层分桶及分组示意

图 5-4 描绘了分层分桶的基本逻辑:任意一个用户进入实验平台,就会进入分层和分桶的机制中,最终落到指定桶中待用。在此先需要理清分层、分桶和

分组的概念。分层在前文介绍过，是借用正交算法将一个用户同时、随机分布到相互独立的多维空间中，我们只需要理解为不同层相互独立，就像是"平行宇宙"即可。容易混淆的是分桶和分组。分桶是指每一层均匀分为若干份，每一份即称为一个桶（bucket），有着唯一的桶 ID。分组则是在实验设计时由实验操作者自主划分的实验组和对照组，一个实验组会使用一个或多个分桶。如图 5-4 所示，某个分层分为 1～100 号的 100 个分桶，对照组选择 1-2 号桶，实验组使用 4-5 号桶。

正交分层和分桶可以一步完成，常用的方法有查正交表法、正交 Hash 算法两种。查正交表法需要事先构造好正交表，在对用户进行分层分组时，直接查询表来确定某个用户 ID 具体落在哪一层中的哪一组。这样的方式非常高效，既省去了构造 Hash 算法和正交性验证的成本，又能极大地提升计算性能。

另一种方法是使用正交 Hash 算法。Hash 算法是一类算法的统称，是密码学中一种单向、不可逆的加密算法。Hash 算法主要用于随机密码生成，目前比较通用的算法有 MD5、SHA、Murmur 等，主要操作方式都是通过一个 Hash 函数将一个字符串随机均匀地分布到算法设计的多维空间中。Hash 函数可以借用现成的，也可以自行设计。最常用的是 Murmur 算法，它的核心思路是将用户 ID 和分层 ID 合并，通过 Hash 函数进行处理后取模。处理后的结果既能保证分层和分组的随机性，也能保证各层之间的正交。使用正交 Hash 算法完成分层后，还需要做正交验证。

正交分层和分组一般在后端处理，实验平台的前端只需要操作者先选择分层再确认分组数量，最后输入每组的用户比例即可。图 5-5 是实验平台前端的核心流程，首先包括选层号和优先级。前端设计时需要注意每一层是有容量限制的，当两个实验同时选中一层时，则表示两个实验互斥，分别在选定的分桶中进行实验。分层选择完毕后，需要设置实验组和对照组的数量。通常在一个新实验场景，为了检验分组和流量的稳定性，需要选择两个实验组和两个对照组，设计为

AABB 实验；在一个已经很成熟的实验场景，设置一个实验组和一个对照组即可。这就要求分组的设置能够支持上述灵活配置。设置完分组后，计算每组至少需要多少样本量或流量。通过一些第三方工具可以完成计算，感兴趣的读者可以自行查阅"最小样本量"的计算方法，了解详细过程。

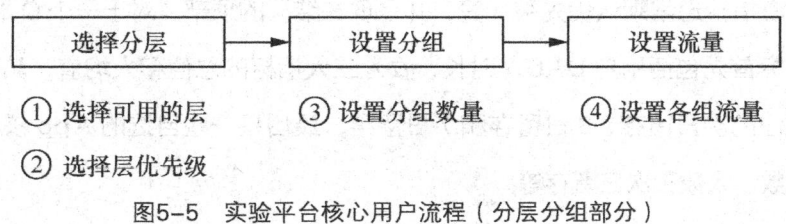

图5-5 实验平台核心用户流程（分层分组部分）

5.1.3 结果展示

实验完成后，需要在实验工具中直接看到各个实验组和对照组的核心指标及结论（差异是否显著）。表5-2是一个典型示例，每一个实验在进行过程中都会按天更新这些实验指标，并按需进行显著性检验，"其他"一列中还可以显示下钻分析、策略效应大小等结论或入口。

表5-2 实验结果展示页面示例

指标	绝对增量	相对增量	显著性	其他
DAU				
总时长				
人均时长				
总收入				
人均收入				
次日留存				
3日留存				
7日留存				

续表

指标	绝对增量	相对增量	显著性	其他
核心功能1-总次数				
核心功能1-总人数				

核心指标通常默认优先被计算，并呈现在结果的顶部。对于一个C端产品，核心指标首先包括用户DAU、时长、收入三大指标的总值和人均值，其次是普遍会关注的次日留存、3日留存和7日留存，最后是一些自选的App核心功能使用次数、人数和次日留存等。

在呈现实验结果时，指标需要约定原则，单位也需要明确规范。例如，3日留存通常存在一些争议，指用户活跃当天算起的第3天留存，还是3天之后的留存。次日留存一般都没有争议，它表示用户活跃之后第2天的活跃情况。如此理解3日留存，应该指用户活跃之后的第3天留存，而非3天之后的留存。类似的争议至今还广泛存在。再如百分比波动的单位，为了表明是绝对增量，通常需要描述为增减几个百分点，单位为pp。例如，使用点击率提升了23%这样的表达方式不能明确表示提升幅度。在实际工作中，就经常会造成困惑：究竟是提升了23个百分点（例如，从10%提升到33%），还是提升到原来的1.23倍（例如，从10%提升到12.3%）。两种表述的数值差别巨大，统一表述规范可以有效减小沟通成本。

实验结果的计算通常被要求尽快完成，以便快速做出下一步决策。由于每天的计算量较大，如果在实验完成后再选择需要计算哪些指标，那么计算耗资源、耗时通常需要延后一天以上才能产出。所以，这就要求实验操作者在实验配置时预先选定需要计算的指标，以及如何计算实验指标。

实验效果的计算通常会涉及指标和统计方式两个要素。关于指标，一般可以默认一些绝大多数实验都需要看的核心指标（见表5-2），其他非必要的指标需要操作者自行选择。统计方式需要考虑统计实验当日命中人群，还是实验累积命中人群；是以新增命中实验用户视角，还是所有命中用户视角。根据实验场景的不同，通常需要不同的统计方式才能获得准确的实验结论，读者可以参考第 4 章讲述的对于不同实验场景的分析方法。实验效果计算和业务特性有很大关联，需要按需设计。

结果展示需要直接给出结论，实验组相比对照组提升了多少，以及差异是否显著。显著性检验需要在实验进行中同步计算。每一种指标都有其适用的检验方法，表 5-3 给出了一些参考。详细的处理办法，读者可以查阅统计学图书中与假设检验相关的内容。

表 5-3　常见指标的检验方法

指标举例	说明	检验方法
DAU	用户群当日活跃人数	卡方检验
次日留存率	用户群次日留存的比例	两组独立样本，比率的 t 检验
ARPU	用户群人均收入	两组独立样本，均值的 t 检验

结果展示除了整体实现效果以外，还有必要关注结果下钻。下钻依赖标签体系，相当于带着用户标签去查询实验结果，在实验结果的基础上细分各个主要维度的细分效果。因为预设的维度越多，其计算需要的资源也就越多。所以，系统设计时一般需要预设一些核心维度，按需计算同时考虑一定的扩展性。另外，选择添加哪些维度，一般需要根据是否能提供差异化策略来确定。如果资源有限，则以是否能有针对性的策略为原则来考虑优先级。

效果下钻的意义在于快速发现策略针对的有效人群。因为整体的效果很可能会掩盖不同人群之间的差异，而在策略整体无效时需要及时确认该策略是对细分人群无效，还是全局都无效。当发现部分人群的效果和整体差异较大时，为了谨慎起见，还是需要圈定细分人群重复进行实验。因为通过一次实验做下钻可能存在一些偶然性，而且细分后的实验样本量可能不满足最小样本量的要求，使结果不置信。

一旦实验平台被正式使用，就会同时有多个实验并行，这就需要一套实验管理的规则以便更好地了解全盘实验。首先，我们需要设置一个长期空白对照组，组内用户不接受任何实验的影响（但是依然受到版本迭代、常规运营的影响），用来综合评定所有实验得到的总效果。长期空白对照组需要保证新用户等比例随机进入，确保不会发生样本偏差。设置多少用户量用来长期对照取决于成本，初期建议 2%～5%。其次，并行的实验很多，有必要监控哪些实验的效果好，而哪些造成了负向影响。这就需要制作一个汇总实验总体效果的列表，将实验的基本信息、对核心指标的提升横向展示出来。

5.2 任务系统

任务系统是完成策略下发的重要依赖，严格地说，也是实验平台的一部分，作为标签系统的下游。标签系统以人群为中心，任务系统则以任务为中心。任务下发通过人群 ID 与实验平台连接。

5.2.1 任务配置

任务配置就是大家都比较熟悉的运营配置后台，需要支持单个任务和组合任务。单个任务只考虑一次性下发，例如，下发一个优惠券。组合任务需要考虑任务之间的关联，例如，下发一个组合 Push，以用户是否点击为条件来确定后续 Push 的策略。

企业不同，业务不同，任务配置的重点也就不同。例如，滴滴运营后台中，配置优惠券是非常重要的一环，甚至拥有一个单独开发的券平台。而用于用户增长的任务配置，其核心流程大同小异（见图 5-6）：（1）新建任务，考虑任务使用的资源位或产品能力、基本触发条件、有效期和频次等；（2）关联人群（来自标签系统创建），通常可以从标签系统中直接读取人群 ID 在后台自动完成关联；（3）为任务配置相关的素材，如图片、文案，如果是红包之类的奖励内容，还需要配置红包个数、红包随机金额等数值。

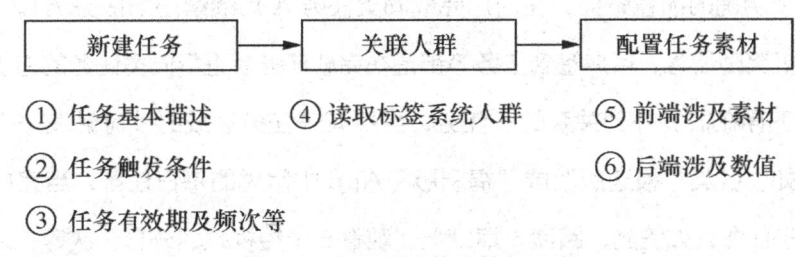

图5-6 任务配置核心流程示意

一般而言，任务配置需要与 App 前端直接联动，用户在前端直接请求任务系统，后端确定是否需要下发任务。因为和实验平台关联，向后端请求资源之前，需要实验平台判断用户是否命中策略组，可参照图 5-3 的示意。

任务系统提供可选任务，用注册机制保证任务系统的规范性和扩展性。新接入任务系统的资源位、算法模型甚至一个全新的 App，需要按照系统规范进行接口和参数对接。

5.2.2 组合任务

相比单个任务，组合任务则同时考虑了多个任务的联动，目的是在短时间内根据用户反馈来补充策略。用户增长工作中很大一部分是做用户的活跃度提升，以及对沉默用户的唤醒。App 能接触到用户的时机有限，如果策略 A 无效，按照常规收集结论后再补充策略 B，很可能此时用户已经不再活跃。所以，需要充分把握好用户打开 App 的机会，根据用户行为和对已发策略的反馈做好及时跟进。

组合任务需要引入"前置条件"这个配置项。因为用户只有满足前置条件，才能够触发后续任务的下发。我们通常以用户是否完成关键行为来制定前置条件，例如，最常用的"用户是否点击""用户是否完单""用户停留时长少于5秒"等。其中一些条件支持参数配置，如时长、金额和一些行为频次等。

组合任务的常见逻辑有串行、并行、混合三类。串行任务通常用来强化习惯，需要达成明确的前置条件，在用户完成同类任务 A 后继续追加任务 A1。例如，滴滴司机奖励任务、用户签到任务等都是在完成任务后进行同类任务的追加。并行任务下存在很多并列关系的子任务，当所有子任务达成时才可触发一个大任务。例如，各类"极速版"或"福利版"App 中常见的每日任务，当完成若干并列的子任务，如签到、阅读5篇以上、观看5个短视频、分享2次等，之后才可以触发一个当日奖励。混合任务可能包含以上两类，按需设计。在用户增长中，组合任务发挥着重要的作用，任务平台需要做到灵活支持组合方式和触发条件，具体需要根据业务目标来设计。图5-7给出了一种常用的混合任务：假设有两类任务 A、B，该策略先下发 A1 任务，如果用户完成任务则说明策略有效，再继续下发强化任务 A2，如果未完成则下发其他任务 B1。同理，A2 到 A3 之间也需要建立一个判断。

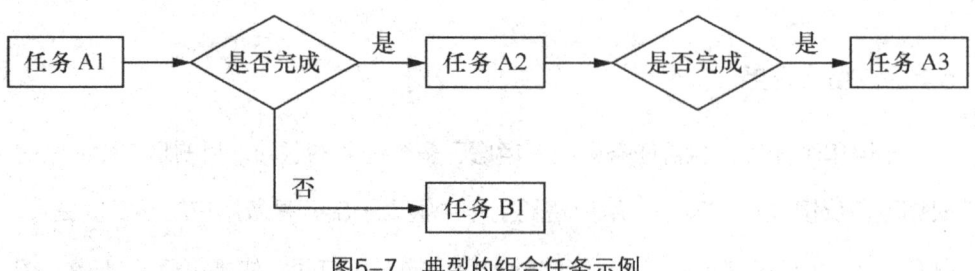

图5-7 典型的组合任务示例

5.2.3 任务系统与实验平台的用户体验

因为本身功能复杂，所以实验平台和任务系统的设计需要逻辑非常清晰，保证易用性和可用性，以及功能的自解释能力。

逻辑清晰，不论是从操作视角的便捷性上，还是从平台设计、开发的合理性上，都要做到简洁明了。涉及跨系统操作时，操作者的预期是要非常清楚整个配置流程中哪些工作应在哪个系统完成。工具的设计要求尽可能减小理解和操作成本。例如，某 App 打算对沉默用户群下发优惠券，需要通过实验来评估下发高低两种面额的优惠券的效果差异有多大。从操作者来看，至少有三件事情需要完成：第一，圈定一个目标人群，需要在标签系统创建人群；第二，需要将人群分为三个组，实验组 1 发高额优惠券，实验组 2 发低额优惠券，对照组不下发优惠券；第三，需要配置下发优惠券的运营任务（假设用 Push）。因为涉及预算和 App 的核心运营资源，其中很多环节还需要严格审批。

想要清晰、高效地完成上述配置工作，需要以实验为中心的实验平台和以任务为中心的任务系统，中间则以人群（具体是人群 ID）为纽带。在设计功能时，需要遵守这条界限做好系统间的解耦：避免在实验平台进行任务配置、资源位漏斗监控、审批资源位，也要避免在任务平台创建人群、配置实验。当然，解耦还便于管理，人群列表存储所有已创建人群，实验列表存储所有已生效的实验，任务列表存储所有已生效的任务。三个模块相当于三种类型的乐高积木，可以自由组合出需要的策略，而不是每次都从头配置。

实验平台和任务系统主要面向内部员工，或者少数 B 端客户。由于其功能较复杂和抽象，操作者对其可用性和易用性也有一定要求，以确保工作效率的提升。滴滴曾经花费数月时间将数据监控系统、数据分析平台、实验平台、任务系统整合为一个系统，目的是将平均耗费 90 分钟配置时间的运营任务缩短至只需要数分钟即可配置完成。

可用性是系统正常使用的最低保障，常见的问题如下：

（1）操作流程不顺畅，需要频繁地跨系统操作；

（2）系统之间的关联不实时、不稳定；

（3）缺少实时的数据监控，无法及时定位问题。

易用性是加分项，常见的问题如下：

（1）功能不清晰，不知道配置项的目的；

（2）功能不简洁，有很多烦琐但无意义的配置项；

（3）大量术语、口径无明确解释说明。

工具的自解释能力是确保易用性和可用性的关键。自解释能力是要求系统配置项做到不需要用户看详细的说明，而从简短的注释、示例即可明确知道如何配置、如何看效果、如何快速获得结论。这要求产品经理和设计师充分理解用户增长的业务特性，以及操作者的使用场景，知道增长工具和所配置策略的目标。

5.3 效果回收和增长引擎

效果回收主要指用户对于下发策略的反馈数据需要及时回收，不仅是策略整体的漏斗数据，还需要包含用户粒度的行为数据。例如，某策略对于哪些用户曝光了，又有哪些用户进行点击。实时反馈数据的直观用途是监控策略效果，其更有价值的意义在于预测用户未来对此类策略的响应概率。本节介绍的增长引擎是指基于用户的反馈及时、自动地给出下一步的策略。引擎是自动的、充满力量的，而增长引擎正是增长工具向自动化和智能化发展的一些尝试。

5.3.1 实时数据回收的意义

随着数据化运营的备受重视，实时数据技术被多数头部互联网企业采用。实时数据回收包含采集、存储和应用。在用户增长工作中，实时数据回收的积极意义体现在以下三个方面：

（1）策略实时效果早知道，有利于策略的及时调整；

（2）数据回收后可用于机器学习进行策略迭代；

（3）回收的数据是对实时标签的补充，可以据此创建新的人群。

策略的实时效果可以通过一些实时监控报表、漏斗工具直观地展示出来。从实时数据中，我们首先能够确认策略是否如预期下发，然后可以看到策略总体的效果和断点。实时数据的可视化是运营工具的标配，用户增长工具则需要更进一步拿到用户粒度的实时数据，为快速验证增长假设服务。

笔者在 360 手机助手做红包项目时，就从零开始搭建了一个实时数据监控后台。红包项目的主要策略是用户下载应用可以获得现金红包，而下载本身带来广告收入。项目需要重点关注 ROI，需要根据实时的 CPC（每次点击的广告收入）情况调整红包金额分布。例如，当下载应用的 CPC 下降至 2 元时，人均红包金额就需要调整到 0.5 元左右。项目在线上运行，同时有数十甚至百万用户在线，如何确保新调整的金额分布即时生效是一个挑战。如果在实时日志中把用户 ID 和金额通过 SQL（结构化查询语言）查询计算出来，通常需要耗半小时以上。而通过工具，我们至少可以在秒级完成监控确认，从而避免错发导致的收入损失。

在滴滴，很多策略是基于机器学习模型预测后进行下发的。算法模型通常会用已经发生的数据作为学习样例，进行离线学习。当模型上线后，会用新数据验证其效果，然后进行迭代。实时数据的回收和利用将这部分学习时间缩短。理论上，当策略下发的实时反馈回收之后，算法可以立即进行迭代，策略的细节可以更快地完成修正。

实时数据的回收还可以被做成实时标签。在用户增长工作中，很多时候必须使用实时标签。例如，"用户是否完单"常被用于用户拉新。为了激活用户，平台会对未完首单的用户使用力度较大的激励，电商、打车、本地生活中这种策略都比较常见。当用户完成首单后，为了避免不必要的运营成本浪费，我们希望能得到实时反馈，并不再向其下发新用户专属的补贴，这就要求将"是否完单"这个信息做到实时化。所以，完单信息会被实时回收并通过实时处理存放在标签系统中。操作者选择这个标签后，意味着只会圈定实时满足条件的用户去下发相应的策略。实时标签还能用于很多场景营销。例如，运营人员只想针对某些商圈的用户进行补贴，则可以使用所在地点的实时标签，仅当用户到达该区域且满足其他配置条件时才会触发该策略。

5.3.2 增长引擎及智能化畅想

要想实现增长工具的自动化和智能化，离不开前文介绍的几个关键要素：组合任务、实时数据回收、机器学习模型。通过规则、条件配置一些策略即可完成初级的自动化，但要想做到智能化，就必须借助机器学习模型。图5-8是笔者对增长引擎智能化的畅想，这个增长引擎是对目前典型增长工具所具备的数据分析、实验配置和任务下发三大模块的智能化整合。

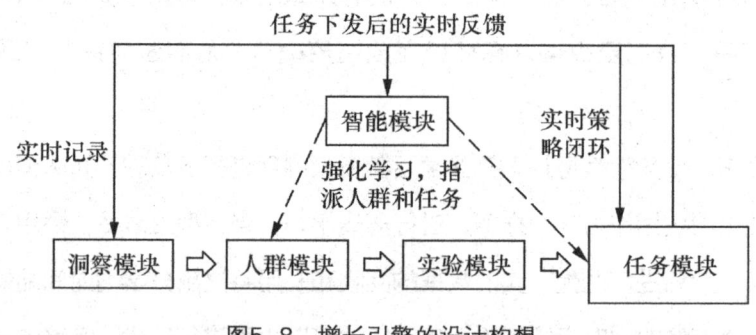

图5-8 增长引擎的设计构想

首先，数据分析从被动的"人看数据"升级为"洞察模块"，其主要的改进在于对全局的核心指标自动监控，对异常波动进行预警和初步筛查。例如，对DAU、用户留存等波动的监控，可以基于分析经验和增长目标预设一系列常用的维度，并且每天都对这些维度进行数据监控，自动产出DAU和留存率在这些维度的波动情况。而对于指标的波动，可以进一步产出各个维度的贡献值，这一步可以由归因模型自动化实现。基于这样的洞察模块，可以在分析中快速发现一些问题和机会。相比传统盯着报表看数据，借助工具来自动完成洞察，其在分析效率和可持续性上都会有不少提升。滴滴出行在2017年前后就已经搭建完成覆盖公司全业务的智能化监控平台，并且能够实时地监控POI（Point of Interest,

即滴滴的上下车点）粒度的订单数据，在国内用户增长领域走在了前沿。由于洞察模块需要的资源较多，最好是基于增长目标按需搭建，并关注其可扩展性。一般而言，用户属性维度、指标是两个确定的要素，设计时需要充分考虑它们各自的可扩展性。起步时可以从核心维度、核心指标开始先完成洞察能力，随后可随着增长方向的逐渐清晰再有所侧重地补充。当业务需要进行实时洞察时，再引入实时数据和对应的数据可视化能力即可。总之，洞察模块要按需进行，切不可"先造一堆锤子，再满世界找钉子"。

其次，人群模块由传统的人工配置逐渐升级至场景规则和模型指派。人工配置是基于一些普通规则，而场景规则是在此基础上做的个性化处理。例如，同样是一个低活跃用户人群，会根据用户历史活跃时段预测用户最有可能活跃的场景（包含时间、地点和用户行为上下文），从而个性化地选择完成促活策略的下发时机。要想实现场景化的配置，就需要依赖对用户历史行为的学习、通过基础的聚类分析和逻辑回归等方法，预测下发策略用户活跃概率的增量。类似的方法还可以用来研发与增长指标高度相关的预测模型。这些模型的共同目标就是为细分人群甚至单个用户指派针对性策略，并通过对用户反馈数据（策略是否生效）进行强化学习等，以完成模型效果的自迭代。

最后，在增长引擎积累了足够多的经验数据后（即何时对谁采用何种策略），人群模块、传统的任务模块就可以逐步被替换，从人工配置转化为由运行成熟的智能模块来完成人群、任务的指派。在理想状态下，人群模块中存在一系列需要运营的人群规则，而任务模块中也配置了一系列任务，由智能模块来完成人群和任务的关联，并负责回收效果持续迭代。换句话说，就是由机器决策替代人工决策。只需要人为做一些全局的参数设置，例如，输入某次营销活动的时间范围和总预算，就能够由机器进行后续的策略下发和效果回收。

在上述智能化引擎的设想中，实验模块在最初还需要人工来设计和参与，目的是收集上文提到的"成功经验"。智能化的一个核心诉求就是算法模型和机器学习的应用。机器能够进行策略轮询，但是通过人工经验可以很大限度地规避一些无意义的尝试。我们可喜地看到目前很多互联网企业都投入了极大的热情在进行基础算法及人工智能的探索，其中很多成果也已经应用到用户增长的实战中来。第 6 章将介绍增长相关的算法如何提升增长效率，如何实现增长指标的持续提升及全局优化。

本章总结

本章旨在介绍用户增长所依赖的核心效率工具。

（1）实验平台可实现圈选人群、分层分桶和结果展示三个用户增长实验必须具备的关键功能。

（2）重点介绍任务系统如何与实验平台联动。有别于传统运营后台，任务系统需要接入实验平台、满足组合任务和实时数据回收的诉求。

（3）实时回收数据对于提升用户增长效率的重要性，包括及时监控策略效果，利用实时数据进行机器学习加快策略的迭代，生成实时标签解决用户增长实战中的棘手问题。

（4）包含洞察模块、人群和实验模块、任务模块在内的智能化增长引擎设想。

第 6 章

积极探索增长算法

传统运营的核心工作是对大批量人群使用统一的策略，这些策略的效率非常有限，已经基本不适用于 2019 年以来流量红利消失、运营成本陡增的现状。用户增长工作需要努力提升运营效率，重点会从两方面入手。一方面是如何找到目标人群，提升策略精准性；另一方面是如何优化策略的针对性和转化率，提升策略效果。

本章主要介绍用户增长相关领域中一些常见的算法应用，旨在让对此感兴趣的产品经理、产品运营等读者了解更多提升策略效率的可能性。

6.1 找到目标人群

第 5 章介绍了增长策略实施的第一步是通过标签圈选目标人群。使用多个标签，理论上能够得到足够精细的人群，然而它存在两个明显的不足。第一，标签筛选依赖操作者的主观经验，而且需要反复实验验证才能得出针对某一个细分人群的较优策略（难以达到最优）。第二，标签实际上是一套粗规则，使用标签后势必会把不在标签规则范围内的用户过滤掉，而这些被过滤掉的用户中很可能包含大量目标用户。

6.1.1 Lookalike人群拓展

Lookalike 是一种通过"找相似"来进行人群拓展的方法。当获得一个种子人群之后，平台就可以对人群的各种特征进行分析，得到各个特征的取值和分布。参照种子人群的特征可以在所有其他用户中进行匹配，找到指定数量的相似用户。图 6-1 简单展示了 Lookalike 的实现方式，其重点的工作在于选择尽可能多的用户特征进行分析，得到种子人群的特征分布。Lookalike 最终要完成的工作，就是"拿着这个分布图"在全量用户池中按需找到指定数量的拓展用户。

完成人群拓展以后，就可以针对拓展后的人群做策略下发。例如，某电商 App 在推广一个理财项目，上线一周后仅收集到 10 万名点开过项目详情页的用户。用户点开详情页，说明这部分用户对这个项目感兴趣，而实际上其中也有大量用户产生了购买。但由于宣传力度不足、入口较深，并没有更多用户进入页面。这时该电商 App 就可以将这 10 万名用户作为种子用户，用于在数亿近期活跃用户中进行 Lookalike 拓展，拓展结果是找到特征相似的 1000 万潜在用户。对于这 1000 万用户，该电商 App 可以通过 Push、App 内资源位引导目标用户了解该理财项目详情。最终，这 1000 万用户进入项目详情页后获得了接近种子用户的购买转化率。

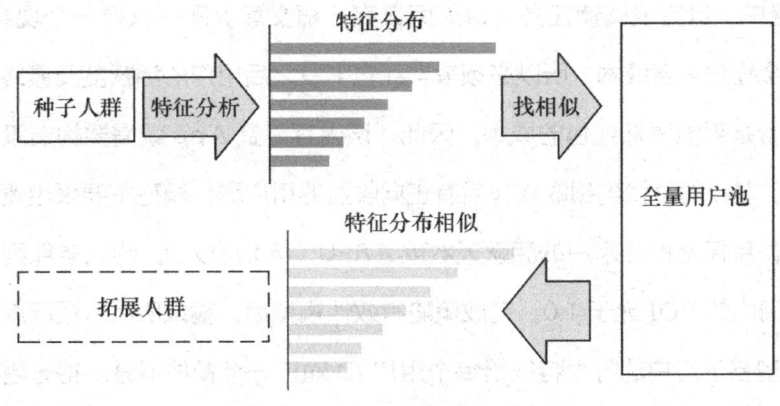

图6-1 Lookalike实现示意图

由此可见，Lookalike 的使用需要事先获得一个种子人群。种子人群可以来自简单规则，如上例中进入某目标页面的用户或完成购买的用户；也可以是复杂规则，例如，通过聚类、分类等方法得到的某一类型用户。种子人群拓展以后通常会用于策略下发。所以，Lookalike 通常可以做在标签系统中作为一种创建人群的方式存在。这样设计，在前端有利于用户操作和理解，在后端也可以直接利用海量的用户特征进行 Lookalike 计算。

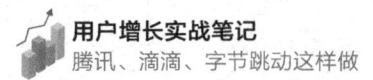

6.1.2 目标人群预测

当设计一个策略时，平台需要考虑这个策略会对哪些用户有效。在用户增长中，这个"有效"除了指用户感兴趣、会点击以外，更多是指策略生效后能否有效提升增长指标。如果这个策略需要付出补贴或现金激励，还需要看 ROI 是否足够高，从而避免把成本消耗在没有增量的用户群中。通过对用户接受策略之后的反馈进行预估，我们可以找到更应该下发该策略的目标人群。

目标人群的预估要先有目标，即需要提升的某个指标；还需要一系列约束条件，以保证在此约束条件下完成目标。很多企业都对如何定位目标人群做出了尝试，下面简单介绍一些来自头部互联网企业的案例。

某内容消费 App 为了提升用户活跃度，拟对低活跃度用户下发"阅读红包"，用户一旦完成阅读任务（每天阅读完 5 篇文章）即可获得一个现金红包。因为现金红包需要成本，所以必须考察红包下发之后用户的活跃度及最终的广告收入增量是否能填补红包的成本。因此，该内容消费 App 就需要构造策略有效性模型，其目的是找到领取红包后有正向收益的用户群。模型主要采用逻辑回归的方法，目标是提升用户的活跃天数或 ARPU（人均收入），约束条件则是未来一段时间内的 ROI 大于 1.0。完成策略有效性模型后，输入所有低活跃度的用户 ID，模型基于用户的行为特征给每个用户 ID 输出一个预估得分。得分越高，说明该用户在采用红包策略后越有可能获得正向收益；相反，分值越低则越有可能出现入不敷出的情况。产出得分后，选择高、中、低三档用户，以及一组随机用户，均下发红包来验证高分组是否会有更高的活跃天数或 ARPU，以及预期 ROI 是否能够大于 1.0。而后续会根据实验效果继续优化模型，提升这个策略有效预测分数的准确性。

某打车 App 为了提升用户的消费频次，拟对低活跃度用户下发优惠券。这部分优惠券是打车 App 需要支出的运营成本，所以需要考察发出优惠券后能否带来一些额外消费。于是，针对用户特征和之前的打车行为，该打车 App 构建了一个价值度模型。该模型的作用是为用户输出一个补贴后的预期收益分数，得分越高意味着发券后越有可能获得用户的持续消费，进而获得足够高的 ROI。如果得分很低，则意味着这部分用户仅仅在有优惠券时选择打车，长期看是入不敷出的，平台也会尽量避免再用优惠券去做无效触达。类似的模型也在某些外卖 App 应用，用于对补贴后有正向收益的用户下发代金券。

某电影票平台为寻找营销敏感性人群，确保激励会产生正向影响，构建了类似的补贴效率模型。该模型的主要工作是预测某种干预与个体行为状态之间的因果效应。具体做法是在有干预和无干预两种情况下分别预测用户的购票概率，这两个概率的差值就是策略干预带来的正向收益。得到正向收益的用户群后，就可以进一步用实验验证发券是能否带来消费转化率提升。该购票平台对进入 App 首页的用户差异化地下发购票补贴，在预算和 ROI 的约束条件下提升平台总体购票的转化率。

找到目标人群，完成了效率提升的第一步。这一步的价值在于不再用简单规则圈定人群，避免了策略的错发、漏发和无效下发。

6.2 提升转化率

上一节介绍了如何获得下发策略的目标人群，而策略下发后能否生效，就需要关注转化率问题。转化率问题除了涉及每个环节的单点转化率以外，更重要的是要关注策略从下发到影响用户产生行为变化的完整转化率。提升转化率的核心就是内容、素材、价格等符合用户的偏好，能够契合用户的价值预期。

6.2.1 点击率优化

提升点击率的方法有很多，相对简单和直观的方法，有如按钮或入口素材优化、极大地突出利益点以提升"点击欲";较复杂的方法,有如利用推荐算法切准用户的潜在兴趣点等。本小节主要介绍以提升点击率为目标的一些算法应用。

先来看冷启动中的热门内容推荐。我们以常见的图文信息流App(如今日头条、腾讯新闻)为例,当新用户首次打开App,第一次看到推荐内容时,内容的形式、文案、图片等决定了用户是否会点击。而提升内容的点击率,让用户顺利地进入第一次消费场景,这就是内容消费App冷启动所要做的事情。因为缺少新用户的行为数据积累,冷启动通常会基于已知信息设计决策树来推荐,匹配一些热门的内容、高点击率的标题和图片样式,组合一系列备选推荐;然后根据用户打开App的场景,包含时间、地理位置、天气等,结合一些时效性强的热点信息,整合用户的首屏默认信息;此外,还可以准备预期用户下滑或下拉刷新之后需要展现的更多内容。

一旦用户产生了行为(包含点击和不点击),App都能够根据这些实时反馈即时调整推荐策略。如果用户感兴趣,完成了点击和消费,后续的推荐会根据相关度进行跟随,旨在让用户继续消费。如果用户滑动屏幕或做过刷新,但是依然没有产生点击,则会换一批热门内容,并在后续减少之前未点击内容的推荐。

再来看个性化推荐,这已经是互联网行业中非常成熟的方法。当积累了足够多的用户特征数据,构建好用户画像之后,每个用户在一个页面上看到的营销素材都可以不一样。理论上,营销策略确实可以做到千人千面的效果。常见的一类策略就是基于用户的一些基本信息,再填充一些预估会产生高点击率的内容。例如,京东、每日优鲜、趣头条、闲鱼等App广泛使用的个性化短信和Push。图6-2所示的为闲鱼的个性化Push(见图中第一条),其中融入了两个关键的个性化信息,首先是用户称谓"你"或直接用昵称,其次是信息内容围绕用户主动浏览或正在出售的商品,这两个因素会让这条Push减小了"营销感",反而更像是App给用户的一条服务性质的提醒。这样的个性化处理通常能够成倍提升推送信息的点击率。笔者在滴滴做过的司机运营短信中，融入了司机的姓氏及其正在进行的奖励任务进度等个性化短信，其中的活动链接点击率达到10%以上，远远超过普通的营销短信。

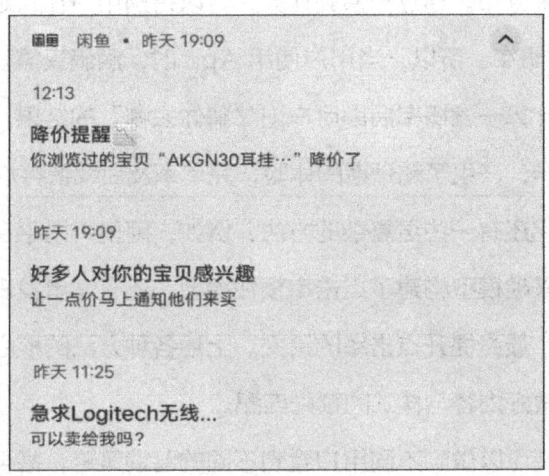

图6-2　个性化Push示例

同样，滴滴打车的"猜你去哪"是基于用户历史行为习惯，直接将潜在目的地以气泡提醒的形式呈现，用户只需要点击气泡的非关闭区域即可进行呼单，如图6-3所示。

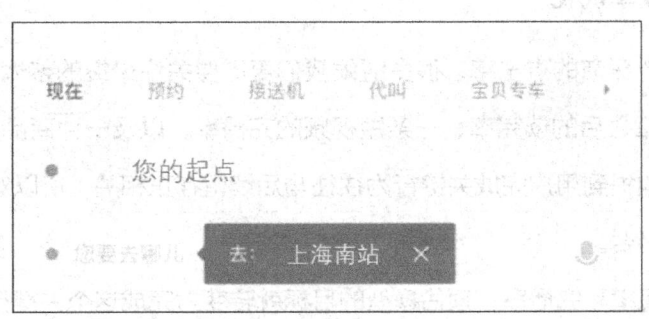

图6-3　滴滴打车猜你去哪

但有别于相关推荐、协同过滤等方法，用户要去的地方是极度个性化的。所以，滴滴在技术实现上要有两点考虑：第一，召回的候选目的地（此处用POI

就是用户的常去地；第二，去什么地方仅取决于用户及他所处的上下文，包括位置、时间、是否为工作日等。对此，滴滴使用了一个比较简单的算法来解决问题，即针对每个用户的数据，对其去过的每一个候选目的地使用高斯分布来构建基于上下文的条件概率分布。通过一系列计算，可以得到用户在特定场景上下文情况下去特定 POI 的概率。所以，当用户使用 App 时，滴滴只需要运用该用户当前的场景上下文，计算一遍概率后即可产出"猜你去哪"的结果。这样一来，用户省去了重复的操作，产生了超预期的体验，完单率及后续留存均有明显提升。

点击率的优化还有一些更复杂的方法，例如，阿里妈妈平台基于用户行为和记忆模型、长期兴趣模型构建了点击率预估模型。还有学者发表了借助知识图谱实现个性化推荐、最终提升点击率的论文。上述各种方法的核心都是基于用户的潜在兴趣和意图做好内容与样式的预先匹配。

通过算法模型可以做到不同用户看到不同的营销策略，甚至同一个用户在不同的场景中看到不同的策略，这种效率提升是人力无法获得的。然而，算法模型无法确定我们将要追求何种增长目标，单纯追求提升点击率有可能将算法模型带偏，这个问题需要增长从业者们来深思和决策。

6.2.2 完成率优化

相比单个环节的点击率，很多时候我们更需要关注最终的整体转化。例如，推荐一篇文章之后的读完率、一条短视频的完播率，以及一件商品的完单率等。笔者在前文也提到用户完成关键行为往往与后续留存正相关，所以对完成率进行优化非常有必要。

对于读完率和完播率，预估模型的目标就转变为完成这个关键行为，核心的方法依然是机器学习。例如，基于历史数据可以找到针对某一类用户完播率高的视频，进而做基于用户的协同过滤；也可以用基于内容的协同过滤，找到类似的完播内容进行推荐。

第6章 积极探索增长算法

内容消费领域已有很多通用算法来完成协同过滤,但相对而言,完单率的优化则还没有通用的方法,更多时候需要从自身业务特点来思考。例如,滴滴打车拥有快车、拼车、优享(原Uber)和专车几条业务线,其中快车价格实惠,是很多通勤用户的首选。但是,高峰期的需求大于供给,所以用户很难打到快车。这时候滴滴会给用户推荐时下运力充足的打车方式,即价格更便宜的拼车,或者附带一些优惠的优享或专车,以确保用户完成这个订单。背后的算法思想并不复杂,即在用户呼叫快车时,滴滴的派单系统同时会召回其他业务的车量作为备选,优先给用户返回快车。当出现上述情况时,滴滴会将备选的其他业务车辆推荐给用户。

有效提升完单率的案例,还有滴滴打车的"站点上车"功能,它同样是基于自身业务特点进行的优化。人们在陌生地方打车时,往往会因为不熟悉环境而难以描述清楚上车地点。例如,在一个陌生城市的火车站打车,描述不清加上交通管制,很多时候司机接上乘客的成本很高,甚至还会导致订单取消。而"站点上车"功能将滴滴所有的上车点作为备选池,当乘客呼单时,滴滴会根据乘客所在位置推荐上车点,同时司机接单时也会以推荐的上车点(POI)为目标。因为POI备选池是由平台维护的,所以很好地避免了无效、违规上车点的出现,有效降低了沟通成本和无法停车的风险,明显降低了订单取消率。即使在乘客熟悉的打车区域,因为乘客定位难免有偏差,"站点上车"依然可以显著减少沟通成本——乘客无须描述自己的具体区域或在马路哪一侧上车。

电商App最常用的促销手段是发券,我们经常能收到各种品类的满减优惠券。下发优惠券的目的是促销,衡量发券策略效果的一个指标是券的核销率。我们能很直观地想到将券发给需要的用户,使用的概率就会大增,所以判断用户的消费偏好就是非常重要的一环。基于用户在电商App内的行为数据,包含搜索到达、访问详情、收藏、加入购物车、购买、复购等,我们可以构建出购买意图模型。借助此模型,我们可以得到用户对各种类别商品的购买欲望排序,据此就能够尝试给用户优先下发其更心仪品类的优惠券。除了考虑核销，通常发券还会叠加考虑用户的价格敏感性，追求更高的投入产出比。

6.3 提升投入产出比

投资回报率或投入产出比（Ratio on investment，ROI）是需要花钱的增长策略都应重点关注的指标。对于付费投放的获客、拉活，我们需要思考花钱购买的用户在后续一段时间是否可以创造高于成本的收入；对于通过各种补贴提升用户活跃、消费的策略，也需要关注收益是否能够补回补贴支出。总而言之，只有在 ROI 或预估 ROI 足够高的前提下，这些增长策略才能够持续进行。

6.3.1 提升获客ROI

通过广告投放获得新用户或唤醒沉默用户，是一种很常见的获取用户的方式。我们经常会在信息流中看到下载 App 的广告，在应用商店的首页或推荐页面大部分 App 下载位也都是广告。细心观察便可以发现，这些 App 下载广告并不是固定次序出现的。我们每次在刷信息流时，会发现同一个广告所处的位置有所不同，这是因为广告展示的顺序是实时竞价（Real Time Bidding，RTB）的结果。RTB 是一种利用第三方技术在网站或移动端，针对每一个用户展示行为进行评估及实时出价的技术，是 App 获客和激活的主要方式之一。它的主要流程是通过需求方平台（Demand Side Platform，DSP）参与广告竞价，竞价成功之后（由广告交易平台 ADX 判定并告知广告主），广告会展现在外部平台上，而当用户点击时便会切换至 App 下载或引导调起 App。RTB 一般按有效点击结算，用户的每次点击都需要给平台支付费用，而每次点击的价格就是当次的实时出价。

在用户增长工作中，同样多的预算需要获取尽可能多的用户。这就依赖动态的、有针对性的报价，并以尽可能低的价格获得用户。我们通常可以用 ROI 来评估付费获客的收益：ROI= 获客收益 / 获客成本。此处的获客收益主要是指用户进入 App 之后的收益预估，获客成本则是实际支出的 CPC（Cost Per Click）。用户增长的目标之一就是要提升 ROI，主要方法是根据用户的潜在价值进行实时调价。OCPC（Optimized Cost Per Click）是一种 DSP 平台自动调价的方式，可以完成实时调价的任务。

此外，理想的 DSP 一方面能做到对用户进行分层，实现精细化投放；另一方面对广告进行排序，选择合适的广告素材在平台上展示。其中涉及广告排序算法的优化，首先要求 DSP 离线生产大量的广告素材，并能选择高质量的广告；然后通过预估模型选择预估价值最高的广告通过报价算法产生报价，最终将广告和报价结果返回至 ADX 进行投放。

上述这些步骤，一方面优选了有潜在价值的用户，保证了获客收益；另一方面通过广告素材和动态出价的精准性，控制好获客成本。二者结合完成了对获客 ROI 的提升。

6.3.2 提升补贴 ROI

付费增长除了向广告平台支付广告费以外，还有大量策略是通过向 C 端用户发放补贴完成的。补贴的目标是提高用户活跃度或消费，其中最主要的约束条件也是 ROI。这里的 ROI= 收入增益 / 补贴支出。收入增益是指由于用户活跃度提升而带来的广告收入或商品收入增量，补贴支出则为实际消耗的预算总额。ROI 的提升思路是如何将补贴尽量发给能够获得收入增益的用户。

美团的补贴策略主要是针对收入增益及补贴支出来进行优化，大致思路与广告获客 ROI 提升类似。具体有两种思路：其一，增大分子，即提升收入增益，避免无效补贴；其二，减小分母，即将补贴更加精细化。第一种思路的具体做法就是找到具备补贴弹性的用户，通过补贴刺激转化。以美团的外卖业务为例，为了简化，暂只考虑骑手（B 端）、顾客（C 端）两个群体。对骑手提供 B 端补贴，可以用劳动意愿（例如，近 N 天的送单次数）和劳动能力（例如，用户日均送单时长）两类特征来衡量骑手的补贴弹性。补贴主要是为了刺激当前劳动意愿和能力偏弱的群体。对顾客提供的 C 端补贴需要倾向于消费意愿和消费能力偏弱的群体。第二种思路是在第一种思路的基础上继续优化成本，通过动态规划等方法给不同用户不同额度的补贴，进一步提升 ROI。滴滴的智能补贴和美团 C 端补贴的思路类似，综合考虑了乘客长期消费预估和价格敏感度，构建一个"用户价值度"特征，补贴会在价值度高的用户群中优先进行，以追求更高的 ROI。

在补贴金额的探索上，笔者所在的团队曾经尝试为每个用户群体预测收益最大金额。我们从很多补贴策略中都能发现一条补贴敏感曲线——随着补贴金额增多，增长指标呈增大趋势。每一个用户群体都有一条这样的曲线，一般情况下，对补贴越敏感的用户群，其曲线的斜率越大。同时，我们发现每条曲线都有一个阈值，当补贴达到阈值之后，曲线就逐渐趋于平缓。也就是说，补贴的金额需要针对人群设置个性化的阈值。

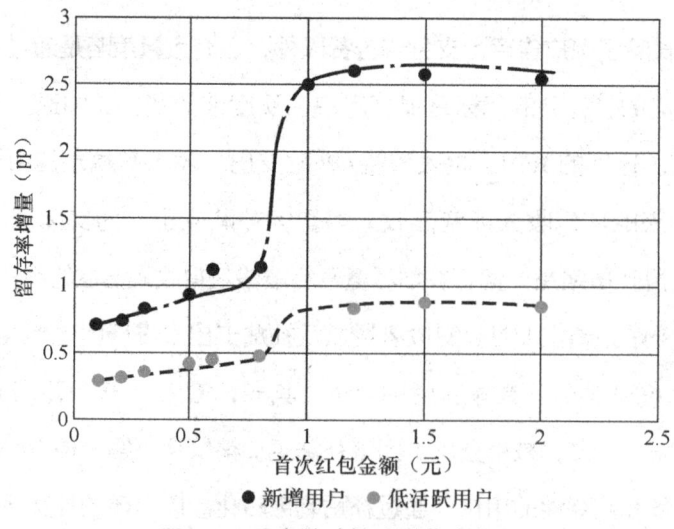

图6-4　用户补贴敏感度曲线示例

图 6-4 展示了一个补贴金额的示例，分别针对新增用户和低活跃度用户下发签到红包。图中的散点代表用户完成首次签到可以拿到的金额。由图可知，无论哪个人群，随着得到金额的增多，对应的留存率也相应地提高。但是，留存率与金额之间的关系并非线性的，而是存在一个阈值：当金额超过阈值后，留存出现跃升，随后则趋于平缓。理论上，每个用户也存在一个补贴驱动关键行为的阈值，如果能找到它对应的金额，就可以最大化 ROI。

以上方法均以提升 ROI 为目标。需要指出的是，面对不同的增长阶段及财务状况，对 ROI 的追求不尽相同。例如，当产品还在成长期时，以用户规模增长为优先考虑因素，可适当将 ROI 这个约束条件放宽；而当产品进入成熟期时，用户规模已达到很高的水平，就需要精准控制成本以避免无谓的浪费。

6.4 提升收入

用户增长的最终目的之一是提升收入，前文介绍了收入主要分为广告收入和商品收入两大类，其中商品包含服务和实物。产品侧需要将广告原生化以提升用户的接受程度，算法侧提升广告收入的主要做法则是优化广告展示和排序、将广告的展现做到精准合理。商品收入主要依赖推荐和促销，算法模型在其中的很多环节担当着重要角色。

6.4.1 个性化广告

作为平台方，包括内容消费平台、社交平台、电商平台，其主要的收入来源都是广告。用户在使用产品过程中，广告会出现在主要的使用路径上。平台决定展示哪些广告，而用户观看或点击广告，平台将会获得收益。因此，广告的精准性、个性化是用户点击和消费广告的关键，提升收入的主要途径也就是提升广告转化率。如图 6-5 所示，预测千次曝光价值（eCPM）常用于表征平台流量的价值,它受到点击率(CTR)、消费转化(CVR)和广告主出价(Bid)的影响。个性化广告能够做到的就是提升CTR和CVR。

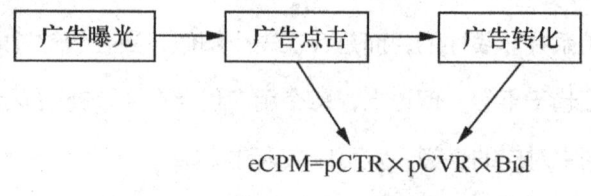

图6-5 平台方广告收入的关键逻辑

对于平台侧,使广告个性化的主要步骤如下(见图6-6):(1)召回,对候选广告进行人群定向和匹配;(2)粗排,使用轻量级但保证精度的模型对广告做初选;(3)精排,使用高精度模型对点击率、转化率和智能出价进行预估。

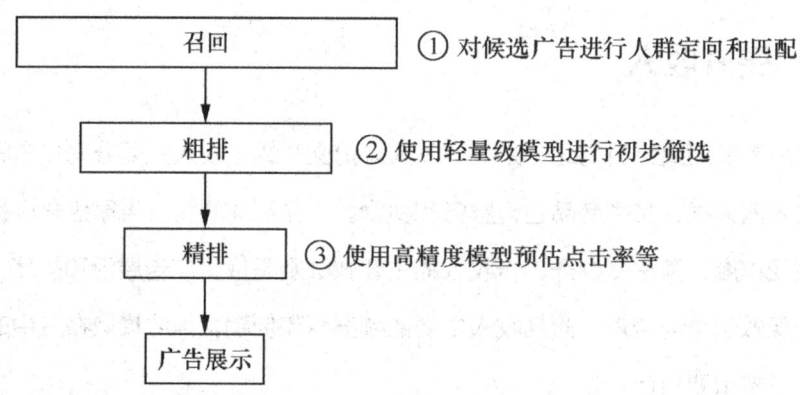

图6-6 广告个性化的参考步骤

以长视频平台的广告为例,对广告进行人群定向,需要关注以下用户特征并建模:

(1)实时特征,主要考虑消费场景和上下文,如时段(周末或工作日)、场所(家里或户外)、消费上下文(看广告之前看了什么视频)及对于广告的反馈(类别及正负向反馈);

(2)短期特征,包含用户观影兴趣、搜索行为、社交行为和商业兴趣等;

（3）长期特征，包括人口属性（性别、年龄、居住城市等）、家庭或社会角色（如成为父母、开始工作等）。

根据这些特征可以预测用户此时对哪一类广告的偏好会更高，以此完成第一步的召回，接下来的粗排、精排逐步将广告准确个性化地推送给用户。

在电商中，京东的专属特价是非常有代表性的以提升用户购买为目的个性化广告。例如，广告通过短信下发，主要的沟通内容是"您关注的某商品或者感兴趣的某商品，我们为您准备了专属优惠，点击即可使用"。而用户点击短信中的链接，即可打开京东 App 并到达指定详情页，以专享价完成购买。这个案例的关键在于利用用户的偏好，个性化地推送其有极大可能购买的商品。这里用到的特征主要是表现用户明确购买意向的行为，包含用户浏览详情、收藏、关注、咨询客服、添加到购物车等，建模成本不高，但可以做到非常精准。除了专属特价以外，我们在京东的发现页面、购物车等相关推荐中也可以看到这种基于用户购物倾向的个性化推荐。在类似的推荐中，需要根据用户的后续潜在购买行为进行及时调整。例如，用户一旦购买了手机，在短期内应该就不会再二次购买，推荐列表中可以及时去除手机类产品，并推荐充电宝、手机壳等相关物品。

6.4.2 智能化广告

除了根据用户偏好进行个性化推荐以外，还可以基于实时场景进行智能化推荐。这样的推荐基于人工智能（AI）对实时内容的理解，并及时做出推荐。

一些头部的视频平台正在进行很多智能化广告的尝试，总体需要做两件事情：第一，如何找到适合场景化营销的场景，即广告点位；第二，摸索如何帮助广告展现更好的效果。视频中广告点位是能够与消费相关的场景，如聚餐时想喝饮料、地铁上听歌、旅游时需要拍照等。我们常看的剧集、纪录片中，都有非常多的广告点位等待挖掘。

爱奇艺是目前我国智能化广告的探路者，他们将挖掘广告点位的工作交给AI，需要通过机器学习的方法理解视频内容，其中包含三个要素：对象、事件和场景。对象识别的技术包括人脸识别、姿态识别、服饰分类、宠物分类及表情识别等；事件识别可以通过行为识别、语音识别、意图理解、事件分类、文本挖掘和关系抽取等实现；场景识别则可以通过地标识别、调性识别、音频分类及音乐识别等完成。通过对这三个要素的识别，可以轻松捕捉到视频中如婚礼、夜店、西餐厅等场景，分别为经营婚戒珠宝、酒类、生鲜电商的广告主匹配合适的广告点位。如果要AI能够准确地理解以上场景，就需要底层算法做大量的分类工作。首先需要将视频素材从视觉、听觉、文本等维度分类，并打上细致的标签；其次需要AI学习如何识别抽象的概念，如浪漫、悲伤等；最后需要AI判断特征的权重和精度，例如，需要识别"是否聚会场景"时应该优先用哪些特征。[1]

除了挖掘广告点位以外，视频平台还可以创造前情提要、花絮、针对某些角色的专属剪辑等新的广告资源。这样即使付费会员免广告，也还是会被视频中间的场景广告触达。

目前，智能化广告的探索还处在相对初级的阶段，主要是基于场景的识别去挖掘适合展示广告的时机和内容。而除了视频以外，通过音乐识别情绪和消费环境、通过实时天气和车流向识别打车需求、通过商品关系识别后期购物需求等都在借助AI做精细的探索。所以，我们在用户增长工作中需要及时了解这些技术的进展，找到更有效率的增长手段。

6.5 全局优化

前面几个小节都是从个别目标出发，介绍如何通过算法模型提升增长效率。

---

[1] 刘祁跃，《AI在爱奇艺视频广告中的探索》，DataFunTalk，2019.9.18。

当然，还有一些工作并不聚焦在某个具体目标，而是着眼于产品全局甚至整个行业生态上。本章最后来介绍这部分内容。

6.5.1 生命周期价值预估

从具体的拉新、激活、促活工作向上思考，我们需要关注用户在整个生命周期的价值（Life Time Value，LTV）。LTV 体现的是用户对产品商业收入的贡献程度。通过 LTV 预估模型，可以从用户新增后一段时间内的行为数据得到其整个 LTV 的预测值。这个预测值将指导我们及时去做下一步的营销策略。例如，电商平台对高 LTV 的人群保持更多投入，而对低 LTV 的人群可能需要改变策略甚至适度放弃。针对渠道的 LTV 分析可以帮助我们明确渠道的最终质量，在获客预算上做更合理的部署。对整体用户 LTV 的预估，还可以初步验证目前的商业模式是否能够持续。

商业收入分为广告收入和商品收入两大类。以广告收入为主的产品，LTV 的预估主要看中用户的留存、消费时长，如今日头条、腾讯新闻等。以商品收入为主的产品，LTV 则主要关注用户的消费能力、消费意愿，如京东、快手（直播打赏）等。针对两种收入方式的产品，实现 LTV 的预估方法也有所不同，但核心方法都是基于初期收入贡献预测长期收入贡献，或基于个体收入贡献均值预估整体收入贡献。

LTV 是整个生命周期的总价值，也可以预估截至用户新增 N 天的价值，即 $LTVn$。例如，LTV30 是指用户前 30 天的商业价值贡献。因为 LTV 是长期的预测指标，所以用户增长工作中也会关注用户初期的 LTV7、LTV14 等。这些指标相比 LTV 更灵敏，能够快速判断用户群的商业质量。

6.5.2 生态优化

第 2 章介绍了短视频的商业模式，包含内容生产者和内容消费者的内容生态。内容生态要想按照产品的价值主张良性运行，就需要有持续的优质内容生产和充分的内容消费。这样才可以确保生态中的各个角色能够各取所需，实现生态整体增长。

抖音的价值主张是"发现美好生活"，鼓励内容生产者生产积极美好的内容，平台本质上在做"广场"。在抖音的广场中，最能吸引流量的是明星大V，但是要保证优质内容层出不穷，还需要依赖一大部分 MCN 和草根生产者。内容的热度通常会随着新鲜度的降低而褪去，这个生态是否繁荣的一个关键就是保证新、热的内容能被更多目标用户看到。

为了达到这个目标，抖音采用的是逐层推荐的方法。据了解，这个方法设计了多达 8 层流量池，流量逐层递增。一条新内容产生并通过审核后会进入第 1 级流量池，其用户规模只有 200～300 人。这条内容在这个小规模用户中曝光后可以收到实时的播放完成量、点赞量、评论量、分享数等数据，通过模型判断这条内容是流入下一级流量池，还是就此结束。内容的播放和互动量一旦达标就会进入第 2 级流量池，获得 2000～5000 量级的用户曝光。同样的方法继续进行，好的内容会持续获得更多曝光，最终形成普通用户推荐流中的备选视频，精准地推送给用户。推荐的内容都是经过层层筛选的，这就是抖音能够让用户停不下来的原因。

逐层推荐的方法还有一个优点是反作弊。当下付费刷量、买粉丝等手段已经形成一个庞大的产业，如果单纯按照热度来推荐，和热度相关的指标都可以造假，刷榜的可能性非常高。有别于公开的流量，抖音的流量池是平台自己圈定的用户群，作弊流量几乎无法进入，对这个流量池毫无办法。作弊流量能增加粉丝、播放量、点赞量、评论数，但是无法进入上述的逐层推荐体系。所以，这些作弊内容实际上接触不到太多的真实用户。

快手的价值主张是"提升每一个人独特的幸福感"，鼓励普通用户上传生活点滴，积极构建人的联系。本质上，这是在做社区。而社区要想欣欣向荣，就不能像微博那样中心化，让大 V 占有了绝大部分流量。因此，快手更愿意让流量分散到更多的主播。

快手主要通过两种办法进行去中心化。第一，相比抖音重视内容的潜在热度，快手更倾向于推荐新的内容。像 Web 时期的论坛一样，最新的帖子、最新的回帖都会上浮到论坛的首页，获得更多曝光。在快手，即使热门内容曝光也会很快停止，流量留给更多主播的新内容。第二，快手的推荐算法侧重于推荐与用户关注主播相关的内容。快手并不以粉丝数为依据来推荐，不设大 V，不为明星用户做流量倾斜，而是推荐调性接近的更多主播。

因为产品价值主张的不同，核心推荐算法呈现巨大差异，我们还可以在其他地方看到这样的案例。算法并不冰冷，尽管没有人工干预，它依然可以实现我们的意愿，体现企业的价值观。

6.5.3 智能派单

线上到线下服务（Online to Offline，O2O）的一个特有环节是平台接到用户下单之后，需要向线下提供服务的 B 端派单，最常见的是打车司机和外卖骑手。如果只考虑 1 个订单，以打车为例，很容易想到最好给距离乘客最近的或最顺路的司机派单。然而，从平台视角来看，就需要追求全局最优，要考虑整个区域当前的总体效率，甚至还需要关注未来一段时间的效率。

先看滴滴派单需要解决的问题。滴滴的挑战主要来自每天高峰期都会碰到的同区域内数以万计的呼单、派单，需要同时满足尽可能多的用户需求。用户等待派单、等待接驾都有自己的时间阈值，一旦超过阈值，哪怕是多等 1 秒也很有可能取消叫车而换用其他交通方式。从用户增长的角度看，这个问题短期会影响收入，长期甚至影响用户的活跃留存及 LTV。

派单系统不仅仅需要满足当前时刻的全局最优，还需要考虑未来一段时间整体的最优。指定区域内司机和乘客共同构成了一张巨大的网络，新加入的司机和乘客会在这个网络中实时插入新的节点。例如，图6-7右侧所示的乘客A发单时将会对右上角区域空闲司机的订单分配产生实时影响，进一步也会影响附近其他乘客的订单分配（稍后具体解释）。要解决派单及时性和合理性，就需要考虑时序的影响，它要远远复杂于物流行业的相对静态的货物和路线的规划问题。[1]

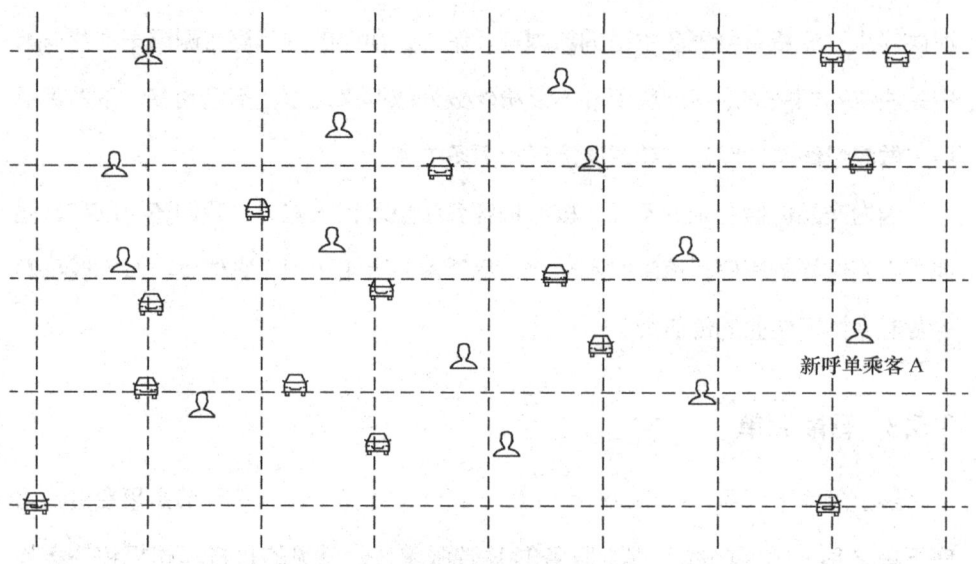

图6-7　滴滴派单需要考虑的实时供需网络

滴滴派单策略的主要原则是站在全局视角，满足尽可能多的出行需求，保证乘客的每一个叫车需求都可以更快、更确定地被满足；同时，尽力提升每一个司机的接单效率，达到总的接驾距离和时间最短。

要想实时做到最优几乎不可能，但是稍微延迟、等到积累了一定量的订单后再做批量匹配是一种可行的办法。它的核心思路是先让乘客和司机稍等一段时间（实际时间并不长，用户几乎感知不到等待差别），待收集了一些订单和司机信息后再集中分配。当有了足够多且较密集的订单和司机后，派单策略就可以更合理地从全局视角来找到更优的派单方式。

1　王犇等《浅谈滴滴派单算法》，DataFunTalk，2019.9.18。

图 6-8 展示了全局最优的一个场景示例。如果在乘客 A 呼单时立即为其就近派单给车 1，随后呼单的乘客 B 派给车 2。可以看到，乘客 B 需要比较久的时间才能等到车 2，这样乘客 B 就有可能取消订单。经过全局最优的处理，稍等片刻后同时处理乘客 1 和乘客 2 的订单，可以发现如果将车 1 派给乘客 B，将车 2 派给乘客 A，二者的等待总时长相对于之前是更小的。在没有过多牺牲乘客 A 体验的前提下，乘客 B 的订单也得以完成。当然，实际决策时要比这个案例复杂，但是核心思想基本一致。

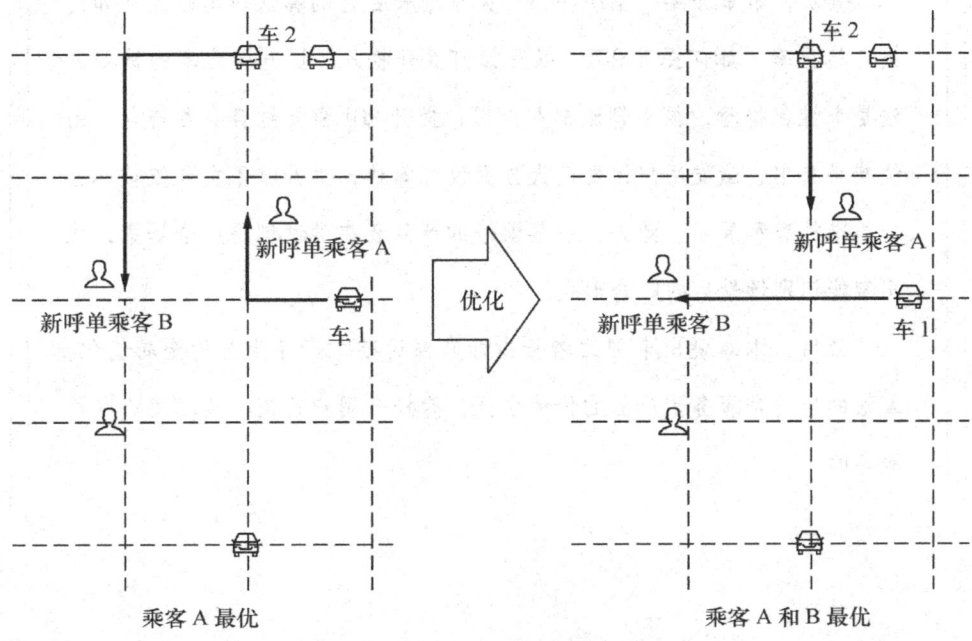

图6-8 局部优化到全局优化的过程

美团的智能派单需要解决的问题和滴滴类似，需要考虑全局的最优匹配，让所有用户等餐总时间更短。外卖派单的复杂程度也很高，因为并发更高，并且很多时候室内定位问题无法做到特别精细。从用户增长的诉求看，用户发单不能及时得到响应，无疑会给订单量、用户活跃度带来极大的负向影响。最后，追求最优还需要考虑对未来的预测，即进行基于供需预测的分单。对于这部分工作，很多企业也正在重点发力。

本章总结

本章主要介绍了和用户增长相关的一些算法应用。

首先，本章介绍如何找到目标人群，当我们有明确的种子人群时，可以使用Lookalike的方法进行拓展，得到一个和种子人群相似的人群；如果没有种子人群，可以基于增长目标进行预测，得到策略可能产生正向收益的目标人群。

其次，本章介绍了围绕一系列关于增长目标的算法应用，包括如何提升转化率、如何提升ROI，以及如何提升收入。提升转化率的核心算法是个性化推荐，很多领域都在应用；提升ROI需要结合业务特点，围绕减小支出、激发用户消费两大方面设计算法；提升收入主要依赖广告的精准推荐和展示。此外，一些前沿的产品还在尝试创造广告场景，推出智能识别场景后的广告形式。

最后，本章跳出个别的增长指标来探讨整个产品生态的全局优化。算法的应用是服务于产品的价值主张，为提升用户价值、实现用户增长服务的。

第7章

增长实战工作方法

回顾前面的 6 章内容，第 1 章介绍了用户增长的理念，第 2 章到第 6 章依次介绍了完整的用户增长工作涉及的内容，以及要完成这些工作内容所依赖的实验方法和效率工具。接下来将重点介绍要完成上述工作需要的团队、人才，以及一些有效的方法实践。

企业的业务模式和重视程度决定了增长团队的形式。尽管组织形式有差异，但增长团队最重要的目标是一致的，即保证增长项目落地并完成效率提升。资源的闭环是保证项目正常落地的关键，而效率提升很多时候还要依赖增长团队的独立性，确保能够完成一些快速验证的工作。闭环的增长团队可以是实体团队，也可以是由来自不同团队的成员组成的虚拟团队。在团队内，分工需要由增长指标下拆而得到，通过环环相扣形成关联的协作模式，从而保证工作闭环、快速运行。在团队外，增长团队需要积极推进目标协同，确保和关联团队形成合力。

在项目管理上，增长团队可以采用增长项目制，保证多单元并行，每个小增长项目组攻克一个关键指标，小团队保证高效率。同时，一个成员至少参与两个相关的增长项目，有助于团队能力的整体提升，也能确保关键位置随时可以找到替补。在人才选用上，用户增长工作对潜在的从业者有一些思维和能力上的要求。不论是应聘者，还是招聘者，都可以参考本章介绍的能力模型。

7.1 团队闭环高效增长

关于用户增长团队的设置和搭建，已经有很多图书进行了介绍。2008 年，Facebook 就已经成立了增长团队，这即便在硅谷也能称得上最早。Facebook 的增长团队作为一个高级别的横向团队，向上直接汇报给 CEO 扎克伯格，横向则参与新用户获取、用户激活、用户参与度提升及流失用户唤回等核心业务中。Facebook 后续收购的 Instagram 也沿用了其增长团队的架构方式，亚马逊、LinkedIn 等明星公司随后也搭建了增长团队。

7.1.1 搭建独立闭环的增长团队

在我国的互联网企业中，增长团队最早可见于字节跳动，成立于 2016 年前后。这是一个横向支持各个产品线增长的中台团队，最初主要包含数据和策略两个子团队，提供通用的实验和策略下发能力。2016 年，滴滴出行也成立了增长团队，主要分为司机增长和乘客增长，重点负责新司机和乘客的获取及初期留存。滴滴增长团队隶属快车事业线，涵盖滴滴 80% 以上的业务量，这也是 2017 年初笔者加入滴滴时所在的团队。2018 年下半年，腾讯的 QQ 浏览器也成立了增长团队，由原用户运营、商业和大数据等部门共同组成，主要负责 QQ 浏览器整个生命周期的增长和增长中台能力建设，并在半年内升级为增长中心。这是腾讯内部第一个中心级别的增长团队，也是笔者在腾讯时期所在的团队。到 2020 年初，增长团队已经成为腾讯各条业务线的标配，并引进了大量来自硅谷和国内的用户增长人才。

结合以上在滴滴和腾讯供职的亲身经历，以及对用户增长领域各种实践的了解，笔者认为较理想的增长团队应该保证两个要点：独立和闭环。

独立是指增长团队具备独立于传统产品迭代模式的通道，以便能够快速验证增长假设。以月为周期的版本迭代是难以满足用户增长工作诉求的。如果能够推行大小版本并行的方案也比较可行，但问题在于维护多个版本的成本很高。而如果是一个比较新的产品，则可以一劳永逸地预先在 App 中设计可基于云端配置的、可进行有效随机对照实验的功能模块。例如，App 的主要入口布局、图标样式、文案及落地页等均能支持云端控制。据了解，今日头条的 App 在最开始就已经支持很多 App 客户端内的实验。2015 年，笔者在 360 手机助手期间，所在团队也对客户端个人中心模块的主要入口进行过云端控制的设计。这个设计能够在准确量化效果的同时，还开辟很多可供临时使用的运营位，为很多增长策略提供了理想的用户承接路径。总而言之，不论是成本较高的分支版本，还是成本相对低的云端控制,增长团队需要有这种能够独立控制 App 中某些必要模块的权限,以确保能够快速低成本地完成试错。

闭环也是为增长效率服务的,它指增长团队拥有涵盖"产品→设计→运营→数据→研发"整个链路的专属资源。用户增长已经发展到对用户时长、商业收入的抢夺阶段,是一个零和游戏。外部竞争很激烈,要求增长团队快速完成有效策略的验证和上线,所以我们有必要做一些资源倾斜。如果常规编制无法满足,可以考虑用临时性的虚拟团队专注于某些增长指标的攻坚任务,并通过合理的考核机制保证虚拟团队成员的投入程度。

图 7-1 是一个增长项目闭环示例,通过图中 6 步完成一个完整的增长项目运行周期。其中需要包含产品设计、运营和数据分析人员,还需要有专门的工具研发、算法研发及客户端前后端研发资源,以确保增长策略能够快速上线实验并及时迭代。

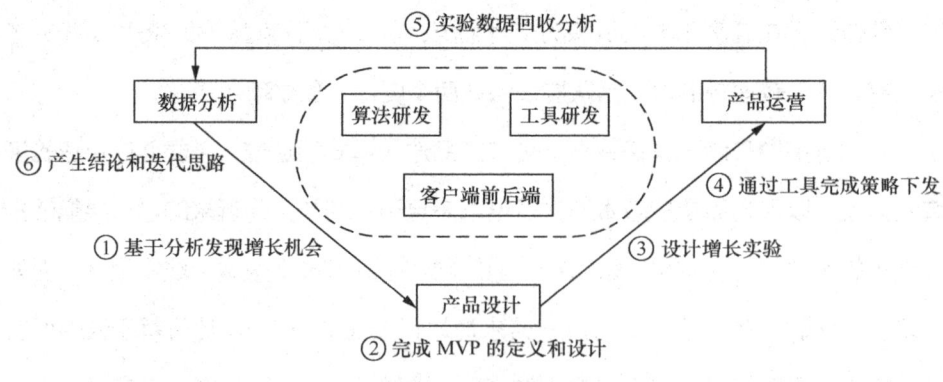

图7-1 理想的增长项目闭环示例

图中闭环的 6 个关键事项并非仅有专人参与,只是产出各有侧重。例如,数据分析工作实际上是需要几乎全员参与的。数据分析人员主要负责一些较复杂的数据分析和挖掘工作,会利用复杂工具和语言发现普通视角看不到的机会,如归因分析和潜在机会点挖掘。产品设计需要特别关注用户流程中的漏斗数据及基本的分群分析,了解策略从下发到用户反馈整个过程中所经历的折损点,关注不同

第7章 增长实战工作方法

用户之间存在的差异。产品运营则需要重点关注整个策略的最终效果，主要关注实验结果和结论，且需要产出策略的优化方向。开发成员同样需要关注数据，例如，工具研发需要关注策略下发是否符合预期，包括人群分组、策略匹配的随机性和准确性是否满足要求。算法研发则需要关注模型的效果，并且需要做大量的数据挖掘工作。客户端前后端要和产品设计一起，关注用户看得见的各环节漏斗数据和策略展示效率问题。

总之，闭环的表面是增长团队能够拥有完备的资源，而底层则是将工作链条通过数据打通，能够做到各个环节的产出和问题均有据可依、有迹可循。也正是基于闭环，增长团队可以通过一个工作链条实现更好的团队内高效协作。

7.1.2 用漏斗思维设计工作链条

假设拥有一个独立、闭环的增长团队，团队内担任各种角色的成员应该以什么样的形式协作呢？首先，整个团队应该明确一个共同目标，即整个增长项目需要完成的结果指标。其次，这个指标需要拆解到每一位团队成员。这里就会出现问题，例如，设计师并不能够为某个具体指标负责，工程研发也好像很难界定需要负责哪一个指标。解决这个问题的思路也很直观，即利用漏斗分析的思维将目标拆解到足够细为止。好比增长项目的起点和终点之间存在一个链条，每一位成员就像是其中的一个环节，环环相扣，共同形成这个链条。

假定一个增长项目的目标是通过给用户下发"做任务领红包"来提升用户活跃度，那么其中的工作链条应该是怎样的？其实这一类任务很常见，甚至已经成为很多App的标配。笔者在腾讯期间有很长时间负责类似的项目，下面结合具体案例来拆解。

例如，一个资讯类App的福利任务是一周内每天完成阅读5篇就可以获得红包。这个任务针对目标用户，在App的首页通过一个"红包弹窗"的形式下发给用户，用户点击即表示领取任务。

我们需要明确这个增长项目的目标，这就需要从用户视角理清它的增长路径。我们通常都想通过下发福利任务吸引目标用户，用福利让用户在一个周期内完成任务，养成使用习惯；当任务结束时，期望依然有一部分用户因为已经形成使用习惯而留下来。图7-2展示了一个示例，以及这几个环节需要关注的重点指标。这些指标就构成了一个工作链条，每个指标都指向这个增长项目的某个重要环节。与之相应的是项目中的每位成员都有一个自己需要关注的核心指标及其上下游的关联指标，工作链条就这样环环相扣了。接下来，我们需要对这个链条中的7个关键指标进行详细解释和任务归属。

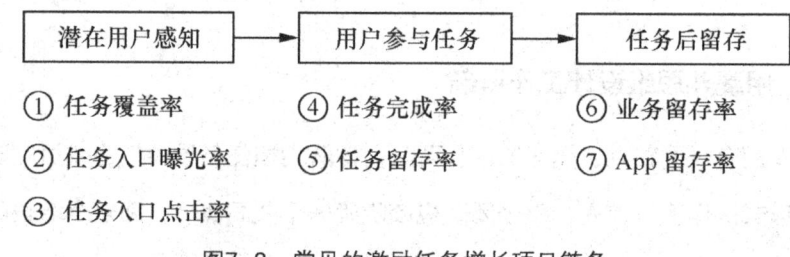

图7-2 常见的激励任务增长项目链条

由于首页弹窗一类的策略较强（在用户使用App的必经之路上产生阻断），可能会对部分用户造成打扰。因此，这个任务并非对所有用户下发，而是需要挖掘潜在的用户群体。这个群体在整个用户大盘中的占比就是图7-2中的指标1——任务覆盖率。任务覆盖率通常没有特别的要求，可以根据这个项目的最终目标进行预估，也可以通过对App中福利偏好人群的规模进行预估。但无论如何，最终都需要圈定一个目标值，这个目标值由增长项目的负责人来关注。

选定了目标人群之后，后续的指标就可以基于这个人群规模进行计算。指标2的计算公式如下：

任务入口曝光率 = 实际看到"红包弹窗"的用户数/目标人群规模

任务入口曝光率体现了这个增长策略触达用户的能力，能够影响它的因素比较多。一方面用户是否访问首页，因为只有访问首页的目标用户才能看到红包；

另一方面是技术上的因素,因为客户端素材的加载时间过程、加载失败、与其他资源位下发的冲突等都可能导致红包不能正常展示。所以,任务入口曝光率这个指标需要交给产品设计、客户端前后端开发一起关注。

指标 3 的计算公式如下:

任务入口点击率=红包点击用户数/实际看到"红包弹窗"的用户数

当曝光人群一定时,这个入口点击率的影响因素就是素材能否吸引用户点击。指标 3 主要由产品设计来负责,通常需要将用户的利益点呈现清楚,找到合适的展示时机。此外,设计样式和引导文案需要更能激发用户的参与欲望。点击率提升通常存在误导风险,例如,用极高的金额(很可能是假的)或夸张的动态效果吸引用户点击。所以,在设计时,产品经理需要保持克制。同时,这个指标需要关注联动效果。用户点击并不是终点,需要和下游指标 4——任务完成率结合起来看,以尽量减少误导点击。

任务完成率=完成任务用户数/红包点击用户数

任务留存率=当日完成且次日继续完成用户数/当日完成任务用户数

在这个案例中,任务完成表示用户在当天完成 5 篇阅读并获得红包。在同样的条件下,任务完成率越高越好,用户获得红包是这个增长策略的 Aha 时刻(Aha moment)。这个指标及随后的指标 5——任务留存率均由产品运营和算法工程师来负责,因为在同样的条件下,需要设计更合理的数值,确保任务难度、红包金额更加合理。任务留存率非常重要,只有用户愿意持续参与,才有可能完成最终的增长目标:提升用户活跃度和留存。

最后来看任务结束后的留存情况,也就是一周时间之后,所有参与任务的用户中有多少还在继续读资讯,即业务留存率;有多少用户还在使用这个资讯 App,即 App 留存率。这两个指标需要根据实验得到结论。例如,判断下发任务的实验组相比未下发任务的对照组,两个样本整体的留存率是否有差异。这个指标由增长项目的负责人整体负责和推进优化:如果没有明显提升,需要分析具体是哪个环节存在问题；需要将问题及时定位，无效的原因是漏斗的整体转化存在缺陷，还是转化正常但用户不能转化为 App 的留存用户。各个环节中问题相关的指标，还需要上述对应的负责人共同定位原因和思考解决方案。

以上通过一个简单的案例介绍了工作链条的设计，以及每个指标需要哪些成员来关注。同时，这也是增长团队的大致分工。下一节将对分工进行一般性的总结。

7.1.3 人员分工

上面的案例简单介绍了工作链条，其中涉及一些代表性的分工。

每个增长项目都需要一个负责人，他负责项目的目标制定（一般是某个指标提升多少），以及向下推动拆解目标至可执行状态。在整个项目执行过程中，负责人也是节奏的推进者，负责组织各类会议和讨论，并适时向上汇报以解决问题、获得资源、争取到合适的实验时间等。

数据分析主要负责增长机会的发现。除了常规的宏观业务表现数据以外，更多的精力需要投入对用户行为的分析中，以便发现问题或机会，进一步形成增长假设。在增长实验进行中和实验分析时，数据分析也是主力，需要掌控科学、严谨的分析方法，并且要站在中立的视角来理性评判策略效果。

产品经理（或产品策划、设计）通常需要完成增长项目所要求的客户端功能设计、工具功能设计等工作。在客户端，产品经理需要从用户视角出发设计好整个用户路径，通过必要的前后引导、合理的文案素材组合等提升策略下发的整体转化率。而在工具侧，产品经理则需要基于团队需求设计好产品功能，提升团队工作效率，切忌盲目地做各种功能的堆砌。

产品运营主要负责增长策略的制定，基于对用户的理解全面产出"如何提升增长目标"的运营思路。在很多增长团队中，可能产品经理和产品运营的工作内容类似，概括而言就是整体负责增长策略的设计和落地生效。

研发人员主要分为算法人员和工程人员。其中，算法人员需要和产品运营深度协作，更精准地找到人群、提供更合理的数值方案。与之相关的很多产出都是出自算法同事开发的模型。工程人员主要负责客户端前后端相关功能及工具的开发。

总体而言，一个基础的增长团队需要包含以上成员。根据增长项目的不同，如果有很多涉及市场投放和品牌策略的工作，则还会包含市场营销的同事。如果一些项目涉及渠道投放和商务合作，则还会包含商务和法务的同事等。

7.2 增长团队与其他团队融合

团队间融合是一个很常见的问题。增长团队是新搭建的，就像在原本运行的电脑中插入一个新的配件，融合问题很可能会更加突出。团队间合作难免会存在大家目标不一，甚至因为资源问题发生冲突的情况。要想避免这些常见的问题，组织、分工、具体执行上都有需要重点关注的地方，而最关键的是要做到目标协同。

7.2.1 目标协同的意义和困难

目标协同是指在一个共同目标的基础上进行协作，实现整体效率提升，加快完成目标。我们可以借用物理中合力的概念来理解协同的意义。目标协同有两层意义，如图 7-3 所示。第一层，两个团队的目标之间最好是一个大方向。现实中很难做到目标一致，协同好，则夹角小。两个团队能朝一个大方向前进，且合力损失少。第二层，协同目标要正确，大方向有意义，协同才有意义；否则，夹角再小，合力再大，也只是往错误的方向无谓消耗。总之，目标协同就是在目标正确的前提下，减小团队目标之间的夹角，形成更大合力去完成共同目标。

然而，我们必须承认团队之间的目标协同是非常困难的。从企业规模来看，小企业相对容易确定一致的目标，并可以相对轻松地从上到下一致贯彻。一旦企业规模变大，不断拆分事业部，形成多个产品线，每个团队通常会负责一个独立的目标。例如，收入归商业团队，拉新归渠道投放团队，留存归用户运营团队。团队会各自盯紧自己的目标，独立完成很多产品策略。久而久之，尤其是在执行层，相互之间都不清楚其他团队的主攻方向。在这种情况下，团队之间的夹角就非常大。列举一个极端的案例：商业团队增加广告曝光量，而留存团队需要尽量去广告，两个方向本身就有矛盾，谈目标协同似乎是不可能的。

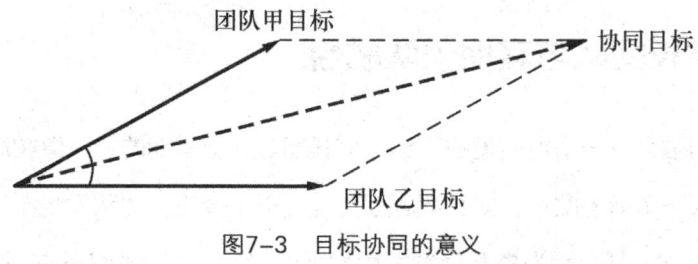

图7-3 目标协同的意义

当企业规模继续增大，每个事业部都要负责多个App时，资源的投入自然会更受牵扯。企业对每一个App的考核都是用户规模，而这些App之间甚至会存在竞争关系。在这种情况下，团队之间就会竞争外部投放资源、内部流量资源，目标协同更加难以实现。

7.2.2 如何协同

尽管团队之间的目标协同通常充满困难，但我们也能看到在这方面做得不错的大企业。

提供交易型服务的企业相对容易找到一致的增长目标，不论是什么团队，最终目标都比较容易和交易额挂钩。例如，负责获客的团队关注的单客成本（CAC）、商业运营团队关注的销售额（GMV）、用户运营团队关注的生命周期价值（LTV），都能够从中抽离出"用户消费量"这个共同因子，最终与整个企

第7章 增长实战工作方法

业最关注的总交易金额挂钩。随着企业规模增大，这种目标只是会有量的变化，可以增加更多收入的渠道和构成，但大方向不会轻易改变。滴滴出行、美团、拼多多都属于这一类企业。

再如字节跳动公司，它拥有今日头条、抖音、西瓜、懂车帝等多个App，很可能也会存在多个App争夺资源、各自为政的情况。但不一样的是整个字节系产品的增长目标都指向商业收入，在协同上夹角也会小很多。另外，在具体执行和目标管理上，字节跳动也是我国将OKR制度贯彻得最好的企业之一。这在一定程度上也让团队之间彼此清晰对方的目标，因而协作时减少了很多无谓的摩擦。

我们通过对比能够发现，目标协同的关键是找到一个能够代表各个团队共同利益的总体目标。一旦找到关联，就可以基于这个关联来拆解和分配具体目标。目标明确后需要进行拆分，确保两个团队及团队成员清楚自己所处的位置和边界，清楚他人的工作，明确上下游、相关方及权责。如果有必要，产品负责人可以给每个目标设计考核权重。具体方法可以参照7.1.2节链式拆解目标，首先整理好用户路径，划分边界，详细列出每一个环节需要关注的指标。而且，产品负责人需要指明每个指标的具体负责人员，便于权责明晰。

尽管目标或方向可以确定下来，但具体执行时还是容易出现偏差，需要一些机制进行约束。例如，涉及公共资源（开发、设计、预算等）使用时往往容易出现优先级不清（各自都会觉得自己的项目最重要和紧急），就需要与相关团队建立评审机制。评审保证在大目标方向不变的前提下，将具体事项和对大目标的贡献值做好量化和预估，便于资源分配的决策。此处再次推荐OKR的方式进行目标管理，管理者便于将不同团队、不同成员的关键事项关联起来；执行者也能随时清楚上下游目标的设定，做到心中有数。

具体到增长团队与其他团队的协同时，多数企业都使用了增长项目制这种小团队的协作方式，下一节详细介绍。

7.3 增长项目制

增长项目制是指以项目组为单位,在指定时间内通过虚拟团队的形式,专人专项地攻坚一个增长问题。增长项目通常围绕一个比较具体的目标,如新增用户次日留存提升专项、ROI 提升专项等。笔者在 360、滴滴出行及腾讯期间,大团队内的工作细分后,无一例外均使用增长项目制来推进。

7.3.1 为什么需要项目制

用户增长工作崇尚一些理念,包括小步快跑、数据驱动、实验驱动。理念的目的都是快速发现增长机会,并迅速完成增长假设,最终高效完成策略落地,回收效果。几乎每一个环节都在强调"快",俗话说船小好调头,用一个小规模的团队(通常 5~7 人)聚焦到某一个具体的增长项目中,保持高节奏产出,是一种非常适合用户增长的组织形式。

增长项目制是基于团队最高层级增长目标向下拆解的产物,其核心依然是目标导向,聚焦到一个分支甚至一个具体指标。项目制便于发现大团队中哪些环节做得好、哪些做得不好,能清晰地看到成员的产出,从而有效避免"大锅饭"现象。

增长项目制根据项目特点有针对性地配置资源和人力,通过资源闭环保证小团队的高效运作,通过必要的激励保证小团队的凝聚力。增长项目制还对用户增长的工作做了规范,方便借用成熟的项目管理方法进行有效推进,避免用户增长做得过于随意和零散。

以上都是项目制的优势,接下来详细介绍如何选人、如何推进增长项目制。

7.3.2 项目组需要哪些人员

项目组需要一个对增长目标相关的业务非常熟悉、对上下游相关的合作机制非常清楚的整体负责人。例如,做新增渠道 ROI 优化,至少需要负责人清楚地知晓目前在投的渠道、竞价现状、各渠道 ROI 及如何完成投放（通过代理商还是 DSP）。项目负责人参与目标的制定，完成主要的向上沟通，并围绕增长目标推进项目组成员开展具体工作。简而言之，增长项目负责人需要对业务拥有高度的理解，具备项目管理经验及必要的领导力。

根据增长业务的不同，团队人员的配置也可以不同。一般来说，一个较复杂的增长项目需要包含产品设计（功能或工具开发）、运营（策略设计和落地）、数据（实验、数据获取和分析）、开发（前后端和算法）及营销（商务和市场等），分工非常清晰。当然，并不要求所有项目组都包含上述人员，基于增长目标按需配置即可。

所有团队成员中，一人可以参与多个项目，但是必须给出明确的人力安排及考核方式。在某些关键位置需要确保有替补人力。例如，数据和策略往往是所有项目都需要的，如果仅配置一人，很有可能因为一些不可抗力导致出现空缺。比较好的办法是任何一个重要的事项都至少保证两个人参与其中。两人工作侧重可以分主次，但是在其中一人缺席时，另一个人能够替补，保证项目照常运作。这种方法类似于交叉分工的方式，一个人有主次地参与两个项目，但是保证每个项目都能拥有一个完整人力。图7-4以数据分析为例，给出了交叉分工的大致示意。通过这种方法，一个项目的两位人员可以用新老搭配的方式，在提升项目组人力稳定性的同时也利于保障团队成员的能力传承。

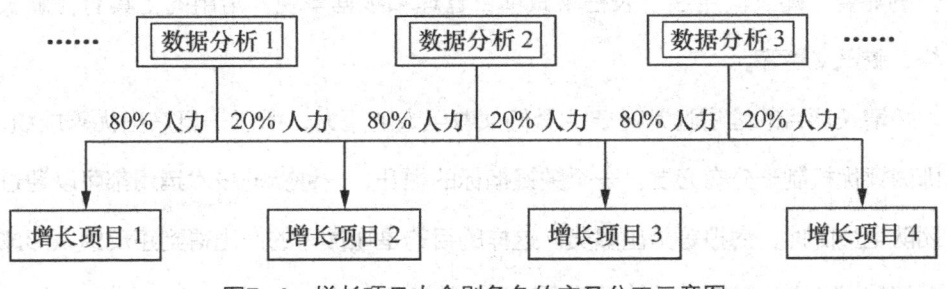

图7-4　增长项目中个别角色的交叉分工示意图

7.3.3 增长项目制如何推进

项目制顺利推进的前提是目标清晰,每一位成员都要清楚目标从何而来,以及如何向下拆解。借助 7.1.2 小节中工作链条的构建方法,我们已经能够明确每一位成员的主要工作及负责的细分指标。所以,在推进项目前,项目组需要确保每位成员知道自己的考核目标和关键事项。

分工完毕、权责清晰之后,增长项目往往在时间上非常紧迫,这种情况就需要通过一系列高频的例会来保证方向正确、问题风险及时暴露。例如,每日晨会以站立会的形式简单同步昨天的工作进度,重点包括新的迭代效果数据、新的实验效果结论、已知问题修复进度等。然后,会上还需要明确每位成员今天需要交付的产出物和大致时间点,便于相关人员合理安排时间来做好衔接。对于一个实时报表需求,数据研发需要完成底表定义交给后端,后端在明确数据结构后才能开始开发数据接口,这就有必要在晨会上确定具体的时间点,便于后端合理安排时间完成其他事项。除了日会,项目组还需要以周为单位进行项目复盘,由项目负责人组织复盘当前项目的增长指标完成情况、工作链条中各个关键指标的完成情况、增长实验的核心进展和结论、下一周的重点事项和分工等。通过周复盘的形式,项目组可以确保项目的节奏。

如果指标能够按时间拆解,则通常需要对增长指标做好规划,明确每周需要提升多少,相应的各个关键指标也需要明确时间进度。项目推进过程中有大量协作的需要,建议使用线上表格来做项目管理和数据呈现,常用的工具有谷歌表格、腾讯文档等。

增长项目的推进通常需要成员们顶着巨大的压力,所以一旦产出优秀成绩,即时评优机制十分有必要。一个关键指标的提升、一种新的技术运用都可以通过团队全员邮件、海报等提出嘉奖。这样的目的是让优秀的产出得到正反馈,形成很好的增长文化,有效地让团队保持高昂的斗志。

增长团队是实践数据驱动和实验文化的最佳阵地。一些数据结论、实验结果或分析思路如果有出彩之处，也可以通过某种形式在团队内进行奖励，并鼓励成员进行分享。这既能让成员们在"枯燥"的数据工作中获得成就感，也能够进一步打造数据文化。值得注意的是，在做增长项目时，输出往往是最好的学习方式。滴滴和腾讯这样的公司都很注重用公司内部社区来承载知识分享，腾讯还有非常完善的专题课程。

以上是笔者多年来实际工作的总结。在用户增长工作中，项目制能让团队的工作聚焦且灵活，能保证项目快速启动、高速迭代，很符合用户增长中提倡的小步快跑、数据驱动、实验驱动等理念。

7.4 增长操盘手的修炼之道

用户增长的一线从业者需要具备哪些素质和能力，一直是想投身用户增长工作的人们非常关注的问题。我们不妨将目标定得高一些，从如何成为一个优秀的增长操盘手来讨论。笔者相信通过前文的介绍，大家都已经清楚用户增长在做哪些工作，接下来概括优秀增长操盘手的能力模型。

7.4.1 三种必备思维

"操盘手"（Trader）一词来源于股市，专指为大户或投资机构进行资产操作的一类职业。如果将用户增长需要面临的用户、流量、资金等当作在市场流动的资产，那么用户增长从业者所做的事情也类似于"操盘"，目标是获得资产的增长。类似的用法还有运营操盘手。为了便于表述，笔者也用"增长操盘手"代表用户增长的核心从业者。其实叫什么并不重要，关键是从业者如何能够做好用户增长。"用户增长"这个概念已经诞生多年，并在最近一两年愈发火热，如何才能成为一个优秀的增长操盘手、如何转型成为一个增长操盘手也成了非常热门的话题,甚至很多在校生也将用户增长作为自己的第一份工作选择。

笔者从思与行两方面来讨论想成为一名优秀的增长操盘手需要具备的个人素质。思,代表思辨能力、思维模式及商业抽象能力等;行,则代表整体的执行推进、技术运用,并最终能将增长策略落地获得效果的能力。操盘手必须是思考者,但一定也要是实战派——具备独立解决问题及带领团队解决问题的基本素质。

在"思"方面所需要具备的能力,是增量思维、用户思维和商业思维。

之所以将增量思维放在第一位讲,是因为做用户增长最终需要关注的就是增量。作为一名从业者,首先需要判断产品方向是否具有增长可能、增长空间有多大,这依赖对宏观趋势、细分领域的清晰认知。公开的宏观数据、行业数据可以作为参考,必要时需要关注一些细分领域的专业报告、重点公司财报。增量思维还要求从业者具备理性的大脑,前文反复讲过,指标增长和策略有效并不是等同的,我们需要尽力做好归因。准确量化出策略对增长指标的增量贡献,才有可能对策略的效果进行放大和复制。增量的获得需要借助很多数据分析的方法,最常见的是随机对照实验方法。对基本实验方法的理解和实验结论的辨别,是判断从业者是否具备增量思维的关键。

用户思维几乎是所有商业行为、商业模式生效的基石,不限于用户增长。第1章用较大的篇幅介绍了以用户价值为基础的用户增长全局视角。用户获得价值,才有可能继续使用产品和服务,进一步通过口碑传播带来自然、良性、可持续的用户增长。用户思维的核心在于从用户的视角看待问题。用户增长的很多方法论是建立在企业、产品视角的,并由此建立了很多增长模型。这些模型之所以行之有效,是因为其建立在提升用户价值这个基础上。在思考用户规模、商业收入如何才能增长时,我们更多需要思考用户为什么用,或者用户为什么不用自己的产品。而在思考如何提升路径转化率、购买完成率时,我们需要多思考用户为什么中断了流程、跳出了页面,这些断点背后代表了用户的何种心理变化。从用户视角找到问题并设计有针对性的解决办法,是从根本上找到了解决方案。

最后来看商业思维。企业不是做慈善,任何产品策略都需要得到商业收益。毫无疑问,用户增长的最终目标也要落到商业收入的增长上。即使在互联网不算长的历史里,因为商业模式不清、迭代不及时而导致衰败的案例也是数不胜数,大如雅虎、百度等曾经的行业巨人,小如那些99%会"死掉的"创业公司。所以,商业思维非常关键,无论在产品设计之初,还是用户增长阶段,"是否利于商业模式的运转"都是一条判断战略能否执行的生命线。最基本的商业思维体现在对于商业收入模式的关注和理解上。很多互联网从业者并不会在乎企业或产品如何盈利,觉得那是商业部门才需要关心的事情,这显然是不对的。以广告收入或商品收入为主的互联网产品势必会引入广告和增值服务,也总会在一定程度上牺牲用户体验。这是无法绕过的路,就像工业化的发展必然会在一定程度上造成自然环境的破坏。商业思维要求我们思考商业收入和用户体验之间的更好融合,思考如何创造更好的广告形式和更能提升用户价值的增值服务,而不是简单粗暴地用"免广告""无氪金"获得大量最初用户。不考虑商业收入的产品策略,就像在温室一样,初期长得快不等于最终长得大。因此,用户增长从业者不能脱离商业思维去思考增长策略。商业思维并不是要求任何策略都需要提升ARPU和GMV,而是把这两个指标作为判断策略是否可以长期持续的核心指标去进行重点监控和优化。

7.4.2 三项必备能力

笔者介绍完"思"需要具备的思维,再来看"行"所需要具备的三项能力:数据能力、技术能力和营销能力。

在商业世界中,互联网企业几乎都完成了数据化,并且很多传统行业也正在积极地进行数据化转型。数据之所以重要,是因为用户的所有行为都会产生数据,能够为商业决策提供最直接和最准确的参考。对数据生产链路的理解、对数据进行分析挖掘并能最终应用于用户增长策略中，这些就构成了数据能力。虽然增长操盘手能够得到的数据有很多，但数据准确是进行后续分析和应用的前提。增长操盘手要知道数据是如何产生、传输、存储的，才能判断数据是否及时、准确地描绘了用户行为。在数据不准确的情况下完成分析工作是无意义甚至非常危险的。所以，对于数据埋点、上报、存储等几个关键环节，增长操盘手都要清晰地设计并保证可监控。此外，由于技术方案不能频繁变动，增长操盘手还需要能够前瞻性地做好设计，如确保需要的字段被采集、存储成本承受得住、存取效率满足后续应用等。增长操盘手可以不精通于技术细节，但是必须要有数据意识。这就像厨师可以不在意食材具体是怎样种植和运输的，但应有能力判断食材是否新鲜、如何处理，以及做一道好菜需要哪些食材搭配。数据能力自然还包括围绕用户增长目标的数据分析技能，增长操盘手需要能够独立完成基本的数据查询（如 SQL），具备常用分析工具（如 Excel 透视、SPSS 等）的操作能力。数据能力的应用场景包括增长机会的洞察、增长策略的挖掘、实验结论的产出。第 2~4 章已经详细介绍过这部分，此处不再赘述。需要重点强调的是，数据分析的重点目标是要产出可行策略、驱动产品决策，而不仅仅是产出分析报告和统计结论。

回顾工业革命、信息革命、互联网革命三次浪潮，技术能力的提升都是变革的第一驱动力。近年来，我们看到移动网络普及带动智能手机普及，给全人类的生活方式带来了翻天覆地的变化。在用户增长这个细分领域，技术能力首先是指对策略实现关键链路中相关技术的了解，其目的在于知道哪些环节存在提升效率和准确性的可能。例如，第 6 章介绍了很多算法模型在用户增长中的应用，能够为策略效果带来显著提升。其次，技术能力还体现在对未来世界可能会发生的技术变革保持关注，以便及时跟进趋势、调整增长策略。我们可以不清楚具体的技术实现细节，但需要知道新技术可能会带来哪些场景的变革。例如，我们已经看到 4G 的普及拓宽了视频播放的载体和场景，那么正在商用初期的 5G 网络可能会带来哪些变化和机会呢？会是低延时带来的无人驾驶民用、云游戏成为可能，还是其他？

营销覆盖的是产品和服务最终接触到用户的层面，但营销策略起作用并不仅仅体现在看得到的界面表层的图片和文案。对用户需求的理解，对消费者行为、心理的深入了解，才是营销策略生效的关键。增长操盘手所需要具备的营销能力主要就是对这些问题的理解和应用，知道用户需要什么，以及用户完成一个关键行为背后的心理状态和决策过程。营销能力往往是产品、数据工作的从业者所欠缺的，对消费者行为学、心理学的系统学习能够补充这一块短板。

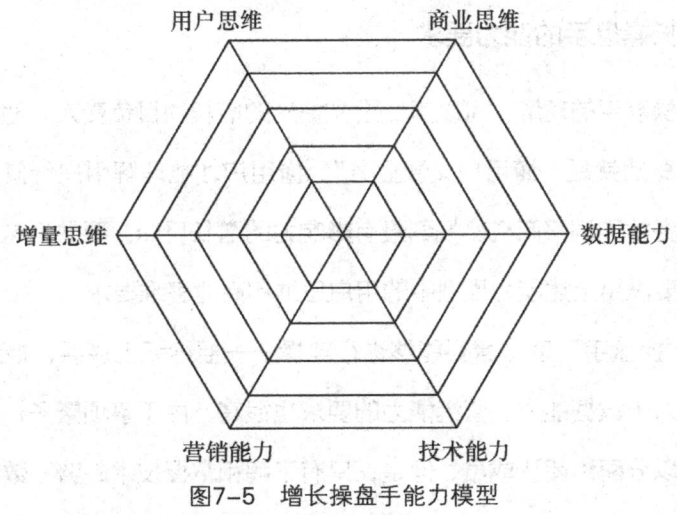

图7-5　增长操盘手能力模型

综上所述，一个优秀的增长操盘手需要具备图 7-5 呈现的三种思维和三项能力组成的增长操盘手能力模型。增长团队中的不同角色，产品经理、产品运营、数据分析等，能力要求各有侧重。例如，一名以用户运营为主的产品运营，首先对于其用户思维的要求就会非常高，其次需要严格要求增量思维；对于数据能力和技术能力可以适当调低（见图 7-6）。

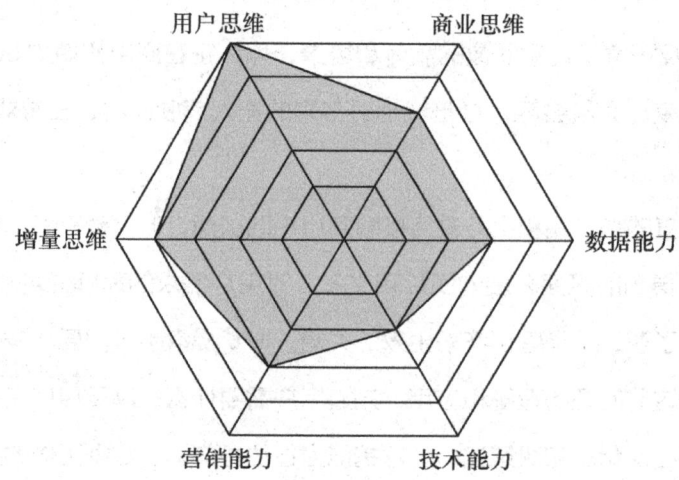

图7-6 产品运营（用户运营方向）的典型增长能力参考

7.4.3 增长操盘手的能力要求

对增长操盘手的理解，可以类比上文提到的增长项目负责人。他需要全面的能力，简单概括就是"懂用户又懂业务"。懂用户才能理解用户价值，知道如何提升；懂业务才能洞察商机，找到最有影响力的增长目标。要做到这一点，增长操盘手就需要满足上述能力模型中的用户思维和商业思维要求。

另外，"操盘手"意味着要能够进行实操——拒绝纸上谈兵，拒绝陷入细枝末节，因此对于数据能力、营销能力的要求也很高。由于事项繁多，一些具体的执行工作可以分配给团队成员。但是，只有了解和掌握技术趋势、数据能力，增长操盘手才能够洞察先机、把握宏观机会，为团队带来更多可能性。所以，对于一名优秀增长操盘手的能力要求可以参考图7-7。

我们可以看到，优秀增长操盘手需要具备的能力非常全面。本书正是抱有全面提升用户增长能力的美好期望，希望让志在投身用户增长的读者朋友能够以最高的要求作为自己提升的目标。目前能够满足这些能力的人很少，相应的市场价值非常高，绝大多数互联网企业和一些头部零售巨头都在苦苦寻找优秀的用户增长操盘手。笔者可以非常肯定地说，上述能力的系统提升有着极高的边际收益。由于"操盘手"不是一个具体的岗位名称，与其对应的是高阶的用户增长岗位，甚至是带有一些管理工作的用户增长团队负责人。

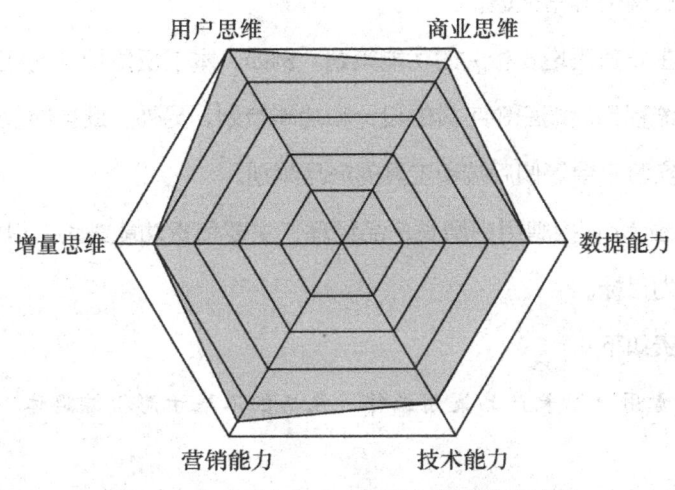

图7-7 优秀增长操盘手的典型增长能力参考

7.5 招聘和面试技巧

用户增长相关的能力模型可以作为用户增长岗位候选人的考核参考，同时也是打算投身用户增长工作的朋友们检验自身能力的参考。在用户增长相关岗位的招聘或面试过程中，面试官需要重点考核哪些能力，应聘者又应该如何展示自己的经验和成绩，是大家较关注的问题。

7.5.1 增长岗位的火热与稀缺

用户增长岗位已经成为互联网企业的标配，名称一般都是"用户增长"或"用户增长产品经理"，最近一年已经出现越来越多的用户增长数据工程师、数据挖掘工程师和算法工程师等岗位。其中一些岗位的职能划分并不是很清晰，但整体可以划分为三类：第一类侧重于产品策划和工具建设；第二类侧重于增长策略设计和落地；第三类偏向大数据技术，侧重于数据挖掘。实验能力往往作为基础能力，三类岗位在这方面都有要求。下面列举一些头部互联网企业的招聘实例，可以看到增长岗位异常火爆。

第一类主要负责增长相关的功能策划。例如，本书反复提到的红包功能，包含前端产品流程和后端配置工具的设计和功能策划。另外，此类岗位还包括负责标签系统、实验平台等偏后端和工具的产品策划。

某短视频 App 招聘用户增长产品经理，主要负责功能策划，以提升用户新增和活跃度为目标。

工作职责如下：

（1）负责用户增长产品策划工作，包括但不限于影视综群体、校园群体、粉圈群体；

（2）以提升用户新增和活跃度为目标，通过对目标用户群体的内容生产、内容消费、互动交流需求的深度挖掘制定增长模式策略；

（3）对各种增长营销活动具备产品模式沉淀提炼能力，同时跟进项目上线全部流程，能在上线后对数据效果进行监测和详细分析并不断优化。

工作要求如下：

（1）本科以上学历，3 年以上工作经验；

（2）深度研究互联网用户，对视频、综艺、娱乐、明星、主播用户群体有一定的洞察和认知，掌握增长产品玩法，有能力建立用户增长机制；

（3）熟练使用产品原型设计类软件、主流办公软件、数据分析工具，具备数据分析、提炼总结能力；

（4）有内容运营、社区用户策划运营工作经验的人优先。

由于很多增长团队的内部闭环包含专门从事用户增长工作的设计师，所以我们也能看到企业对用户增长设计师的招聘需求。某新闻资讯类 App 用户增长设计师的岗位描述如下。

工作职责如下：

（1）负责 App 业务增长相关的设计工作；

（2）参与需求分析及增长目标拆解，并做落地场景挖掘；

（3）根据增长目标做合理的假设和分析，并设定增长实验方案；

（4）交互及体验链路打磨，找到用户体验链路上可能的增长机会点；

（5）结合实验上线后数据的分析和评估，提出改进方案，持续打磨体验以达到增长目标；

（6）结合用户研究报告，洞察数据背后的可能性，并探索新的增长场景及机会点；

（7）关注行业新的增长趋势，并能结合项目目标进行落地。

工作要求如下：

（1）最重要的是学习能力强，并且愿意持续地学习；

（2）理解增长策略，沟通逻辑表达能力强；

（3）懂增长术语，看得懂数据指标，数据敏感度高，能做基础的数据分析，并洞察数据背后的可能性；

（4）创新能力强，关注行业流行趋势；

（5）能独立完成交互方案，期望能独立完成基础的 UI 甚至动效设计；

（6）期望有 1 年以上交互设计或用户体验设计相关的工作经验；

（7）具备较好的产品意识和用户同理心，善于沟通表达、协调合作，工作有热情和责任感，对设计品质有执着的追求。

第二类主要负责从用户分析、数据分析中挖掘策略，进而推进落地。例如，某应用商店增长策略方向的岗位以分析能力为主。

工作职责如下：

（1）结合业务目标，分析和拆解主要的增长手段和路径，持续分析阶段性结果，支持业务复盘与决策；

（2）建立流量获取和流转模型，分析优化预算分配与 ROI；

（3）具备抽象增长业务的数据逻辑，支持增长业务决策；

（4）建立和完善用户增长相关的数据工具，提升业务效率。

工作要求如下：

（1）善于深度思考问题，具备优秀的逻辑思维及分析能力，能快速学习、全面系统地思考；

（2）具备数理统计分析能力和商业分析能力，能够熟练使用 Excel、SQL、Python 等进行产品数据分析和商业数据分析；

（3）抗压能力强，学习能力强；

（4）具有数学、统计、金融、经济专业背景，或者互联网增长策略、战略研究、咨询等相关工作经历的人优先。

第三类偏向大数据技术，侧重于数据挖掘。此类岗位通常要求能够将大数据技术、数据挖掘熟练应用于用户增长的业务中。例如，某新闻 App 的用户增长数据挖掘工程师岗位。

工作职责如下：

（1）建设支持海量数据的分析挖掘、机器学习与决策支持系统；

（2）负责应用数据挖掘、机器学习方法建立数据模型，为业务决策、风险管控、产品特性的优化提供数据支持；

（3）负责对用户特征和行为数据做深入分析，建立数据模型，挖掘目标用户等；

（4）协助业务部门进行数据分析与解读，并提供优化策略，基于数据挖掘建模，以数据驱动新闻用户增长。

工作要求如下：

（1）计算机、数学、统计、数据挖掘等相关专业本科及以上学历；

（2）3 年以上大规模数据分析、挖掘等相关工作经验；

（3）熟悉聚类、分类、回归等常见的算法及原理，有大量的实际建模经验；

（4）熟练使用 C/C++、Java、Python、R 语言等编程语言与工具（一项或多项）；

（5）熟练基于 Hadoop/Spark 的平台进行开发，具备较强的数据敏感度，能从海量数据中挖掘数据核心价值；

（6）对数据敏感，有良好的逻辑思维能力、较强的沟通能力和团队合作精神，勇于承担工作压力。

我们在社会招聘网站或某个企业招聘页面中搜索"用户增长"，都可以看到缺口岗位非常多，而且需求遍及上述三大类。即使在 6 月这样所谓的招聘淡季，依然有不少头部 App 正在进行紧急招聘。相对而言，2020 年对用户增长人才的需求比一两年前有增无减。此外，我们可以看到岗位的多元性提升，越来越多专门面向用户增长的设计师、算法工程师、数据挖掘的岗位出现。这说明缺口较大，企业对于专才的需求加强，也体现了用户增长正在成为常规化岗位。

7.5.2 如何准备增长岗位面试

在过去的几年中，笔者参加过多次用户增长岗位的面试，也曾作为面试官考察过很多候选人。下面从候选人的角度给出一些面试建议。

（1）展示必要的基础能力

用人团队要想获得一名优秀的用户增长伙伴，首先会确保他具备必要的能力，这是一个基本门槛。上一节介绍了优秀的用户增长操盘手需要具备的能力，笔者建议从这些方面准备自我介绍和简要经历，此处不再赘述。

除了考察候选人当前的能力，面试官往往还会考察其潜力。用人团队在面试时往往会遇到一些暂时没有足够经验的候选人，此时就可以设计一些即兴问题考察其基本潜力。例如，抛出一个大家都熟悉的场景来考察候选人如何发现和解决问题,重点考察其分析思路。经历也许可以通过一些包装手段做得很亮眼,但是应急能力难以伪造。

(2)简要呈现相关经验

候选人在做经历介绍时,往往会陷入自己的视角,表述冗长且不能突出亮点。笔者建议基于STAR原则描述经历:在什么背景或场景(Situation)下,需要完成什么任务(Task),具体行动(Action)是什么,以及最终达成了什么结果(Result)。候选人在介绍过程中要尽量精简并突出自己做了什么,对增长指标的具体贡献在哪里。此外,候选人要以发展的视角看问题,如果当时有些地方做得不够好,现在回头看有哪些地方是可以优化的。

用户增长的难度、需要面对事情的复杂度随着用户规模的增长而增大。候选人如果负责过一个高量级产品的用户增长,可以作为亮点介绍,但是需要说出做了什么事情,显著提升了什么指标,而不是概述为"我参与之后,DAU增加了200万"之类。

(3)展示新环境、新洞察

候选人具备在新领域、新场景发现增长机会的洞察能力,是用人团队非常期待的。因此,候选人尤其需要针对目标岗位负责的产品做充分准备:需要对产品或服务所属的赛道有足够的了解,对一些宏观的规模数据有初步认知,知道目前的增长空间和可能性;更进一步需要对目标用户有足够的了解,最好能初步发现增长机会所在的方向。

如果这一部分表现很好,候选人能够证明自己拥有足够强、足够快的适应能力,将是应聘成功的一个很大加分项。相反,如果候选人连最基本的产品信息、目标用户群都不了解,那么就极易暴露准备不足、重视程度不够等问题。

(4)具备用户增长热情

用户增长工作压力大、挑战多,并且极大概率需要面对连续的失败。因此,候选人在应聘时需要被考察是否具备足够的从事用户增长工作所需要的热情。热情并不一定表现为外在的情绪高亢,也并不只是积极工作寻求突破,而是要求候选人具备较强的抗压能力,面对增长目标时足够清醒和冷静。候选人还需要具备探索因果关系的执着精神,在完成基础工作的同时投入更多精力思考策略生效的底层原因,提炼价值。

以上从四个方面介绍了候选人在准备面试及面试过程中的一些要点和可能的加分项。不论在什么阶段,用户增长工作往往都是道阻且长,甚至失败的概率极大。所以,候选人在考虑是否投身其中时,也可以用 7.4 节和 7.5 节的内容做初步检验。

本章总结

(1)本章主要介绍了用户增长工作中使用的一些方法。首先是搭建一个增长团队的要点:独立和闭环。独立要求团队拥有自主的目标制定、事项优先级排布权,以及 App 版本发布节奏;闭环指增长团队内囊括增长所需的各个主要环节人员,重点是要有闭环的开发资源。

(2)增长团队要想高效地开展工作,需要做好对内的分工和对外的协同。分工主要依靠将增长目标拆分为环环相扣的工作链条,保证各个环节都有专人负责实现。对外协同主要通过目标协同来实现。

(3)增长工作高效展开的一种方式是增长项目制,通过有针对性的人员搭配,做到小组织聚焦单个增长目标,实现各个击破。

(4)最后两小节介绍了用户增长从业者、操盘手所需要具备的能力,包括三种思维和三项能力;以及作为一名用户增长岗位的应聘者,可能需要注意的四点面试准备技巧。

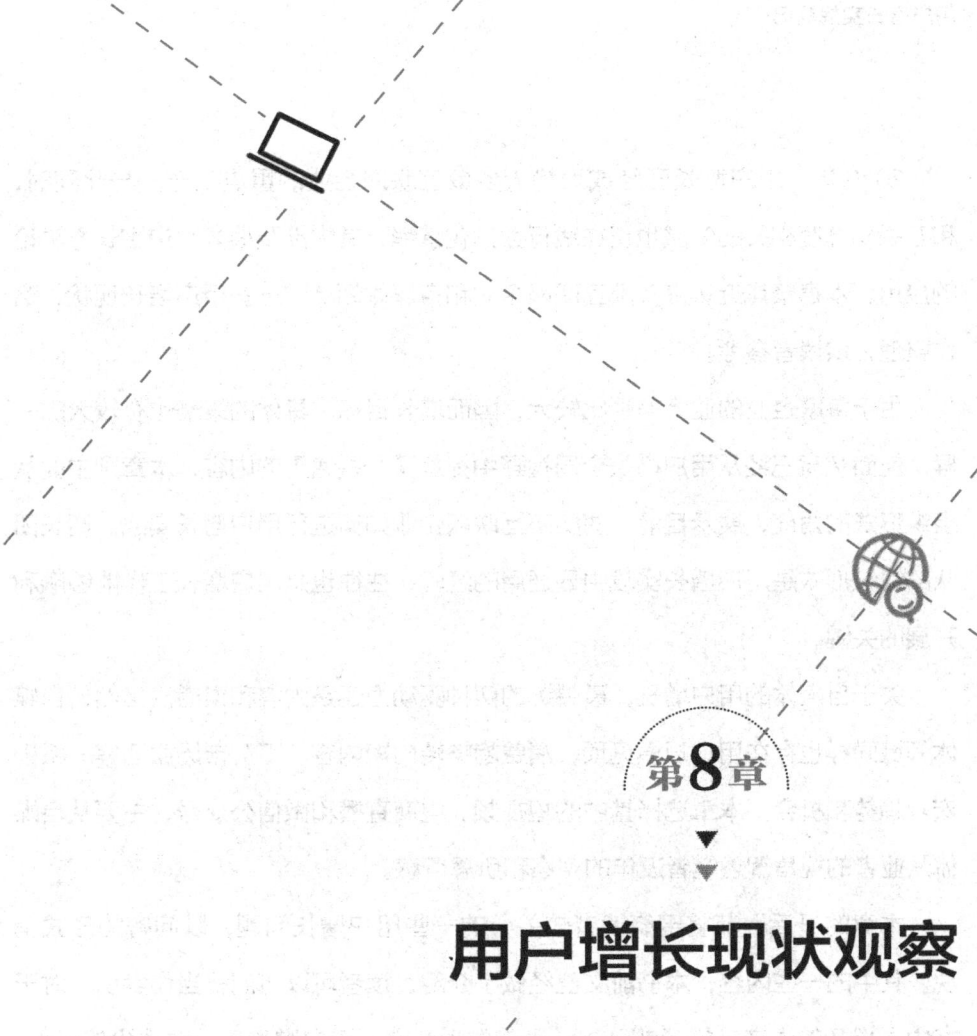

第8章

用户增长现状观察

2020 年，用户增长已经成为绝大多数互联网企业的重点工作。与此同时，和互联网高度相关的领域也正在践行数据化营销，其中涉及很多用户增长方法论的应用。本章聚焦近年来头部互联网企业和自媒体领域的一些用户增长现状，略作整理，供读者参考。

由于每家企业的业务差别比较大，因而增长目标、具体的策略也有较大的差异。前面 7 章已经从用户增长全局视野中提炼了一些通用的内容，本章则主要从组织形式的角度，展示目前一些头部互联网企业如何进行用户增长实战。增长团队的组织形式是用户增长实战中最通用的经验，往往也是用户增长工作能够顺利开展的关键。

关于自媒体的用户增长，最关键的两种驱动力还是内容和渠道。当然，自媒体领域同样也存在用户规模见顶、消费趋势转向短内容、下沉市场激活等一系列宏观趋势和机会。本章选择其中的短视频、电商直播和微信公众号，主要从自媒体从业者的视角阐述笔者近年的观察和所思所感。

本章的最后一节将围绕读者较关心的一些用户增长问题，以问答的形式呈现。其中的一些内容，本书前文已经做了介绍，读者可以将问答当作索引。对于书中未提及的内容，笔者就以这一小节作为补充。用户增长是一个迭代的过程，笔者也期待这些问题和答案在今后继续迭代。

8.1　头部互联网企业

2016 年以来，我国的头部互联网企业逐渐成立了增长团队，用户增长被视为最重要的事项之一。字节跳动、滴滴和腾讯在 2016—2018 年逐步开始用专门团队做用户增长，正好也覆盖了三种不同的运作形式。

8.1.1 小团队形式

小团队形式通常是一个 10 人以内的小组，负责部分关键增长指标的提升。由于多数企业对用户增长核心的普遍认知是"如何获得新用户"，所以增长团队一般都优先负责偏上游的获客和激活指标。例如，投放获客、负责新用户的前期表现。而用户后续的活跃留存、商业收入等指标依然由原有的产品运营团队及商业收入团队来承担。

腾讯有很多这样的小增长团队，聚焦在一个 App 内，主要资源在于如何从内部流量、外部投放中获得目标新用户。增长团队与运营、商业化共存，负责整个用户生命周期的运营和总体增长目标。在组织架构上，这样的小增长团队实际上是运营团队的延伸。类似的还有拼多多的增长团队，主要负责投放获客、裂变获客等拉新任务。Bilibili 也有类似的小增长团队模式，主要负责新增和激活环节的业务，并且每个业务都会有各自的增长目标。

小增长团队的优势在于目标聚焦，决策链短，可以进行很多快速尝试。但缺点也很明显，主要就是缺少闭环的资源。与用户增长相关的功能迭代通常要参与整个 App 的排期节奏中，走统一的评审，与 App 其他功能模块共享一套前后端开发资源。如果这个 App 的迭代周期较长，团队就很难及时做一些快速尝试，而资源上的局限也很可能限制增长相关功能的研发进度和策略的迭代速度。

受限于此，小增长团队的增长策略更多会被局限在内嵌 H5 或运营资源位能力上。如果业务仅聚焦在投放获客上，团队能够做的策略往往也很有局限。例如，广告平台实际上可以优化的变量不多，常见的有出价金额、时段、广告位等，并且普遍不能支持理想的随机对照实验。如果再缺少算法的支持，这部分的用户增长实际上和传统的渠道运营差别不大。

小增长团队还有一个潜在风险,就是仅负责整个生命周期中的一个环节,并不能充分利用好数据,团队之间可能也很难形成合力。例如,负责拉新的增长团队是应该把渠道特点、用户安装 App 的意图传递给活跃运营的团队,这样可以更有针对性地承接策略和留存策略。但实际工作中我们经常看到的是负责新增的团队认为留存团队没有做好用户运营,而留存团队也会质疑新增渠道的质量。实际上,这些就是小团队之间缺少目标协同造成的。

8.1.2 大团队形式

大团队形式往往是百人级别的团队,通常会负责一个量级巨大的 App,以及周边衍生的 App。其与小团队最大的不同在于拥有完备的产品、设计、数据、开发资源,同时也负责用户生命周期中更多的指标。同时,大增长团队往往还肩负数据治理、搭建增长工具的任务,人员构成较复杂。笔者曾经任职的滴滴增长团队和 QQ 浏览器增长团队,都属于这种大团队的形式。

滴滴增长团队经过一些迭代,调整为重点负责最大的快车业务中的新增和留存工作,在结构上还有与其平行的运营团队(负责用户的活跃、留存和沉默召回)、产品设计团队(负责产品功能设计和开发)、数据分析团队(负责数据分析和商业智能相关产品)及其他技术部门(负责大数据能力、运营后台、实验平台等开发维护)。尽管在架构上是平行的,但是这些团队均有专人直接参与增长项目。实际上,这是通过一种虚拟团队的形式推进增长项目。

QQ 浏览器的增长团队(后来迭代为增长中心)负责新用户获取和新增期留存两个重要指标。这个团队是笔者所见到的最理想的资源闭环团队,拥有产品、运营、数据、前后端工程及算法团队。得益于资源的闭环,这个团队在产品开发和策略迭代上能够做到独立,也能够投入大量资源进行增长效率的探索,成功搭建了一些适用的增长工具及算法模型。

大团队形式也难免存在一些缺憾。首先,增长团队依然只参与用户生命周期的偏前端,对于整个生命周期的增长缺少输入。其次,增长策略存在局限。我们知道,一个产品尤其是成熟型产品,其用户中绝大多数是老用户(或称为留存用户),用户能够留存下来的关键是产品能否提供足够吸引人的内容、氛围、服务。相应的,留住用户的最有效手段也就是对应的内容生产和推荐、社区氛围及增值服务等。然而很遗憾,增长团队通常无法参与这些核心环节,所能用到的增长策略往往还是限于资源位、活动及补贴。这种遗憾的背后原因是增长团队和原有的产品运营、推荐算法团队之间存在难以消除的隔阂。一方面,用户增长团队的成员没有能力产出用户运营、社区运营、推荐算法的洞见;另一方面,各自团队的目标也存在一些不一致。

8.1.3 增长中台形式

字节跳动的增长团队采用的是目前比较火的增长中台形式。和 Facebook 的架构类似,一个团队负责横向支持多个产品。增长中台的主要工作内容是提供基础能力,并和产品线的产品设计、产品运营深度合作,以产生用户增长的策略和实验验证。

增长中台的好处在于可以用一套数据、工程、算法资源为多个产品的增长服务。首先,这大大节约了整个企业的研发投入,同时也为其他团队提升了效率;其次,增长中台拥有最全的数据,能够收纳最完整的用户特征,为算法模型的设计和机器学习提供了非常大的便利。除此之外,字节跳动增长中台的核心模块还在于增长策略。通过不断累积的正向案例,增长策略能够很好地切入业务产品中,从而打破上一节中提到的增长团队与业务团队之间的隔阂。换而言之,增长中台产出的策略可以用到最核心的手段,对字节跳动而言是推荐算法。

总体而言,中台形式的增长团队覆盖更广,也能够把握核心策略,是一种比较高效和专业的组织形式。然而,它的问题是搭建和运作门槛极高。首先,中台形式的运作必须有上层的鼎力支持和背书,以确保增长团队和业务部门之间顺畅的协作。其次，中台形式的增长团队对于成员的综合能力要求极高，团队成员需要非常了解业务部门的用户和产品，还要擅长数据和策略分析。最后，中台之所以称为中台，是因为它具备一套通用的工具能力，可以同时稳定支撑多个业务线的增长服务，这对工具开发和维护的要求很高。字节跳动的增长团队是业内标杆，但需要在 App 上线初期就做好规划，否则其他 App 或产品线很难复制。

阿里系也拥有业内领先的数据中台，它并非专用于用户增长，是中台的先行者。阿里系的用户增长得益于已经非常完备的数据中台，不需要再面对 ID 互通、数据治理、存取设计等基础问题，可以说在业内是显著领先的。

本节主要从组织形式、分工协作两方面介绍目前我国一线互联网企业中正在践行的用户增长。除了组织形式以外，对数据的应用程度、实验文化的普及程度在这些企业和各个事业部中也存在较大的差异。总体而言，对于实验方法的理解和应用，多数企业和部门都还处在相对初级的阶段。我们能够看到很多企业对于用户增长的日益重视，越来越多的硅谷增长专家回国加盟，并且负责非常关键的事务。我们期待国内的用户增长环境日臻完善，水平突飞猛进。

8.2 自媒体增长观察

随着用户获取难度增加，活跃用户比例逐渐降低，自媒体已经呈现明显的马太效应。因为粉丝和资源是需要时间累积的，正常情况下强者恒强，新手很难获得机会。因此，用户增长的思维也逐渐在自媒体行业中得到重视。由于对自媒体的增长缺少实操经验，笔者主要是通过书中反复强调的用户增长全局视野，观察和思考增长较好的一些自媒体在哪些地方做得好，以及其成功经验是否可以复制。权当抛砖引玉，引发读者朋友的思考。

8.2.1 短视频

短视频的增长很大程度上是内容驱动，通常以在某平台的粉丝数（或被关注数量）来量化用户规模，严格一些需要看互动用户数（完播、点赞、转发、评论等）。用户选择关注某位主播（或视频 UP 主），最重要的原因就是认为主播后续发布的内容自己也会喜欢看。对于短视频的用户增长，从观察者的视角看可以总结出以下一些要点。

（1）内容要有用

"有用"是一个宽泛的概念，但实际上就是之前反复提到的——内容对用户是有价值的。这个价值不限于学到一个技巧或了解一些资讯。很多时候，短视频只要能让观众觉得有趣并微微一笑，那就是有用。用户会因为内容有用而完成播放，为了获得更多有用的内容而关注主播，这就是获得用户的最直接原因。

如果单纯以粉丝数为考量，内容所能提供价值的普适性就是决定增长速度最关键的因素。例如，抖音上粉丝最多的主播品类之一是食物制作，我们可以粗略知道每个家庭至少会有 1～2 人对食物制作感兴趣，这个品类必然有着庞大的受众群体。再如，与宠物、婴幼儿相关的内容也能捕获大量粉丝，因为大部分人基于人类本能，对可爱和呆萌是没有抵抗力的。抖音上某位粉丝量名列前茅的主播，其所有视频内容就是以两只小猫为主人公，并巧妙设计了一些有趣场景和给小猫配音。用户看完一条视频，很自然地会关心后面这两只小猫还会发生什么有趣的事。这些内容让这位主播的粉丝数不断上涨，一度达到了 4500 万个。此外，围绕宠物、婴幼儿设计的内容还能被大量转发到家中有小孩和宠物的家庭群组，因为大家也希望自家孩子和宠物能如此可爱。

有用的内容和足够大的受众群体是短视频获得用户增长的首要考量点，这一点与其他内容形式的用户增长并无差异。其实，优质视频制作的成本很高，很多主播会尝试长期在一个内容品类持续产出，那么首先需要思考清楚潜在受众是谁，内容对于他们而言有什么用。切不可认为自己认真构思、辛苦拍摄和剪辑，观众就理所应当会喜欢。

（2）消费成本要低

当确定了内容主题后，就要控制内容的消费成本。越需要集中精力去听和思考的内容，消费成本就越高，也越难以让用户完成播放。图文向短视频的转变，本身已经完成了消费成本的一次显著下降。在短视频范围内横向来看，那些直奔主题、思路简单清晰、表现方式直接的内容能获得更高的播放量和点赞。在内容品类不变的情况下，也有一些技巧可以帮助用户降低消费成本。例如，需要设计好开篇3秒内交代清楚要讲什么，或者有什么价值（大多数用户会在3秒内划走）。一些常见的好办法如下：通过视频中的大字幕配合交代清楚；通过旁白在最开始就交代内容或设置悬念；将内容中的最关键部分率先简短展示，再详细介绍。

好的内容会让用户希望时长更长一些，我们也能看到短视频平台逐步放开了时长限制。但对于新手或在做新内容发布时，还是要先尽量以短为主，优先考虑用户完成播放。道理很简单，信息流中看到陌生主播的一条视频，用户在内容没有播完的情况下就离开，说明用户几乎没有再看这位主播其他视频的兴趣，心理上是无法产生关注需求的。关注的前提至少是播完一条后想看下一条。当有了稳定的粉丝量和追着主播更新的用户时，才是可以在保证质量的前提下延长内容、获得用户口碑的时候。

关于内容消费成本，还有一条来自产品设计的铁律是非常实用的，即"别让用户思考"。尽管小部分用户喜欢动脑，但不可否认绝大多数用户喜欢的是简单、直接地看到内容要表达的主题或结果。所以，那些开篇点题、表明立场、不需要解释为什么的内容往往会获得更大的正反馈。再加上一些具有情绪带动性的背景音乐，这样的内容只要主题正确，基本上都能触发用户进行"快思考"，在第一时间完成点赞甚至转发。

（3）设置一些"钩子"

短视频中，为了促进转化可以适当地加一些触发用户关注的"钩子"（trigger）。我们从《影响力》《上瘾》等书中基本上可以找到这些策略的心理学依据，而且有很多已经常见于 App 的用户增长。

打造权威、专家人设，让观众在第一时间就觉得主播的内容就是正确的，进而选择持续相信和关注。这样的案例有"某某医生""某公司离职员工""某行业10年从业者"，这些人设往往是需要平台方做认证的。

设置悬念，将连续性内容拆分多段或将整体内容拆分为多份，通过用户在对局部内容的消费后产生的好奇、黏性吸引想看完整内容的用户。其实，对于这一点，我们并不陌生——评书的末尾都会有一句"欲知后事如何，且听下回分解"。短视频中这样的"钩子"随处可见。例如，某榜单的前 10 名在某条视频中只介绍第 6-10 名，用户看完之后显然会好奇第 1-5 名有哪些，为了消费完整内容，必然会点赞、收藏或关注；很多影视剧剪辑的内容通常会在一些关键情节设置"钩子"，吸引用户持续消费并完成关注。

（4）增加互动，提供反馈

产生互动，让观众获得反馈，真切地感受到主播是一个有血有肉的人，而非机器账号。这主要是针对一些需要和主播产生互动的粉丝而言。我们经常会在评论区看到粉丝"求翻"，就是希望能得到主播的回复。很多主播在初期都会积极地在评论区与用户进行互动。

增加互动的高级形式就是直播。现在主要的视频平台都支持了直播，它是用户可以和主播完成实时互动的桥梁。我们都知道，游戏之所以吸引人，其核心就在于拥有一套完善的实时反馈机制。短视频用户也希望实时得到主播的反馈。

此外，通过一些惯用的抽奖、购物优惠等方式能进一步获得粉丝青睐，部分头部主播还能够获得价值不菲的礼物和打赏。

（5）实验思维的运用

由于短视频都是在第三方平台上发布，通常情况下无法做理想的随机对照实验，我们能做的更多是关注效果数据和决策之间的因果性。在视频平台允许下的一种低成本进行实验的方法就是在短时间内发布两条类似的内容，在这两条内容上简单验证一些变量的影响。例如，通过开篇是否加字幕、是否加旁白，我们能知道做了一些策略改变之后，用户的完播率、互动率是否有明显提升。

实验思维并不局限在随机对照实验，而是鼓励创造实验条件，尝试改变一些变量并关注改变后带来的影响。即使没有实验条件，我们依然可以关注短视频后台中能够看到的数据。一个主播的内容往往调性接近甚至一致，用两条相似内容选择不同的时段发布（周末、非周末），也能够对比出哪个时段用户更容易完成播放，更愿意产生互动。当然，由于外界的影响因素非常大，实验思维的应用需要具体问题具体分析。

除了上述提到的5个技巧，当决定在一个平台做持续的内容发布时，自媒体人需要了解该平台内容分发的规则和限制。平台规则，如前文介绍的抖音叠加推荐，需要根据发布内容获得的流量及时调整策略，确保后续内容能够进到抖音更高层的推荐池（详情请见6.5.2节）。而平台限制主要涉及一些对不合规内容的管控，例如，字幕中的一些关键字需要替换。

8.2.2 电商直播

直播并不是新鲜的内容形式，早在桌面互联网时代，秀场化的直播就已经红极一时，并且在2016年达到3亿人次的月活规模。2016年前后，直播主要在独立的直播App进行，如映客、花椒、虎牙等。从内容品类上看，总体上是纯粹的娱乐型直播。随着4G网络的普及，淘宝、快手、抖音等主推了与电商关联的移动直播形式，2018年起直播电商开始进入大众视野。2019年1月淘宝上线直播独立的App，到11月拼多多也完成了电商直播的首秀，可以说这是直播电商大放光彩的一年。进入 2020 年，很多明星、企业高管也加入直播带货的行列中。据估计，2020 年电商直播的月活跃用户规模可达到 5 亿人次。随着所有直播平台都在布局电商直播，直播用户和潜在直播用户都会成为平台竞相争夺的宝贵资源。

直播电商之所以会火，是因为这里主要蕴含了两方面的宏观趋势。一方面，电商用户的渗透率已经逼近整体移动互联网用户。截至 2020 年 6 月，95% 的移动互联网用户都已经成为电商用户，获得新用户的难度和成本都已经非常高。这就要求我们将单纯的获取用户规模转向争夺用户时长和消费。另一方面，供应侧的繁荣带来了远超以往的货品种类，我们能够看到越来越多生长于网络的网红品牌及一些非品牌产品。以往"人找货"的购物体验逐渐转向了"货找人"，而直播电商正是加速人与货匹配效率的极佳途径。本小节主要站在自媒体主播的视角，聚焦电商直播的用户增长观察。

电商直播的增长目标不再是用户规模，而是 GMV。最近 3 年，直播电商的 GMV 总规模逐年大幅提升，预计 2020 年底将达到 6000 亿元。做好 GMV 的增长，我们依然需要从提升用户价值出发。用户喜欢看直播，本质上是希望看到实时、真实、有用（有价值）的东西。所以，在电商环境下，用户的价值提升就依赖于发现好物、获得优惠，这就是电商直播获得用户和提升 GMV 的方向。

用户选择在直播中购物，理由都非常明确，要么是主播的粉丝，要么觉得商品值得买。而用户增长工作更多需要聚焦在为什么用户"进入了直播页面但没有购物"。根据 2020 年 3 月中国消费者协会的调查数据，阻碍电商直播转化的最大障碍依次是"担心商品质量没有保障""担心售后问题""没有接触过电商购物""担心维权问题""不信任直播平台"及"不信任主播"。这些原因无一例外地可以用经济学中的"信息不对称"来描述，详情可以回看 2.4 节的介绍。用户在产生购买决策之前，由于对平台、主播、品质的信息并不了解，无法确定购买之后是否会存在各种风险。所以，主播在直播时需要突出一些"保障性"的话术。

然后，我们再来关注用户产生购买的最主要原因，即"商品性价比高""商品价格优惠""喜欢并信任主播""限时限量优惠"等。总体而言，用户决定购买的最大动力在于认为价格实惠、性价比高。这些无疑也都是需要突出的要素。商品的售价很多时候取决于渠道的谈判话语权，主播也不可能做大量的额外补贴。所以，在价格可调整空间不大的情况下，我们应该需要重点消除用户因为对商品和主播不信任而产生的"信息不对称"。尝试用权威背书、用可获得的销量数据背书、用网络好评内容等为证都是非常不错的方法。

除了把握提升用户价值的关键，我们还需要从数据角度找到潜在的机会点。直播平台、短视频平台的后台都可以看到用户的画像数据、核心的漏斗数据。关注自己直播间的用户属于什么人群，可以查看人口属性分布。对比公开数据中关于不同人群消费偏好的一些数据分析和行业报告，我们能够了解直播间粉丝可能会对哪些品类有偏好。而对于核心漏斗的分析，则可以知道用户之所以没有产生最终购买，主要流失在哪个环节。在上述有限的数据中，我们依然可以借助第2章详细介绍的拆解目标、找切入点的数据驱动方法。如果能够获得用户的行为数据，我们还可以再进一步思考用户的购买行为和其他哪些用户行为高度相关。

当发现了机会点，我们就可以有针对性地设计一些营销技巧，包括让用户产生购买兴趣、为用户消除购买疑虑、让用户产生复购等。据笔者观察，一些营销做得特别好的主播会这样做：由于同时也是短视频生产者，主播会在平时的视频中结合视频内容进行"种草"（培养购买意愿），巧妙地将商品的卖点和使用场景融合在短视频中。消除购买疑虑主要聚焦在消除信息不对称，此处不再赘述。关于复购，主播可以对销量确实不错的商品设计一个限时限量的销售模式，参考一些饥饿营销的办法进行尝试；也可以通过关注建立自己和粉丝的连接，直接向完成过购物的粉丝推送商品后续资讯。

直播带货的门槛很高，普通主播中能够做直播的并不多。2020年3月起，我们还看到很多明星和企业高管开始进入直播电商，如刘涛、董明珠、罗永浩等。用户会更关注明星的直播，因为这是真人秀的升级，平时高高在上的明星突然可以面对面地向用户推荐商品，会让用户极大地消除顾虑，甚至产生"买到即赚到"的安全感。这是否意味着草根主播会失去直播卖货的机会呢？笔者认为不会。首先，明星直播不能覆盖太多场景，也以大品牌、爆款为主。电商世界中还有大量品类和SKU，普通主播依然有足够的生存空间。其次，明星直播的可持续性需要打上问号，尤其是一些企业高管更多是偶尔站台制造热点。最后，平台方的目标是最大化GMV，也不可能长期将流量倾斜给明星，生态共荣才是最理想的结果。

直播电商处在新兴时期，相比冰冷的商品详情页，有一位自己喜欢的主播在声情并茂地进行推荐，的确会让购物体验大幅提升。直播电商在2020年开始的后续几年应该会持续大幅增长，这给从业者创造了很大的想象空间。此外，品牌扁平化也给很多非大牌商品以生存空间，一些头部KOL甚至能够推出自己的品牌，如"李子柒"品牌的食品和各种带有地域特性的农产品。电商直播正是这些新兴品牌和商品获得用户的捷径。最后，依附于蒸蒸日上的短视频平台会让电商直播持续保有大流量注入。在以上宏观趋势下，电商直播的参与者也会越来越多。作为从业者，除了关注用户需要什么、为什么买和不买以外，也应该从整个产业链的视角来发现问题点和商业模式优化的可能性，以期获得更大的收益。

8.2.3 公众号

尽管公众号已经是一个老平台，长图文为主的内容形式似乎已经显得臃肿，但它依然是自媒体不能放弃的一个主战场。最主要的原因除了已经积攒多年的粉丝以外，还因为公众号为作者提供了一个长期、稳定、免费触达用户的通道，以及无与伦比的社交传播网络。

当下再来梳理公众号的用户增长似乎显得格格不入，有不少声音在唱衰这个平台，直言新晋的作者已经没有机会。公众号的作者面临的最大挑战是订阅号推送的打开率已经逐年持续下滑。然而，我们还能看到一些新的公众号可以在短期内获得大量的粉丝。总体而言，公众号的增长强依赖于内容的新、热和受众广。我们可以看到，阅读量在头部的账号中绝大多数是娱乐、休闲和热点资讯类。下面基于对大量头部公众号的观察，得出三种涨粉较多、较快的公众号类型。

（1）热点型

热点型的公众号，首先在主要内容上会紧跟热点，通常会在头条位的标题、题图上将热点的元素最大化，追求高点击率。其次，热点型的公众号还要追求最早的时机，通常能在热点发生的数分钟内推出文章。这需要提前储备素材和文案，确保第一时间发出，以求在诸多同质内容中脱颖而出。最后，热点意味着很有话题性，用户留言之后非常期待及时得到反馈，所以对于用户运营也要非常及时。用户留言入选精选后会更愿意参与后续的互动，也有很大概率进行分享传播。

热点型公众号的优势在于有源源不断的新鲜资讯，可以保证有内容高频率、高密度地输出。而挑战也在于大家都在写热点，如何做到让用户关注和选择，除了及时性，还要求作者针对潜在读者表现独特的态度和调性。

（2）社交型

社交型公众号在保证有基本内容的同时，会重点放在如何引导用户分享上，如福利、鸡汤文、星座运势等。这一类公众号并不需要内容的时效性，重心要放在如何激发用户的分享，以及思考分享之后能为读者带来什么价值。在 2.4 节中，笔者分析过"社交货币"的概念，即用户分享之后所获得正面形象提升的量化。分享型公众号需要考虑分享后能如何为分享者赢得更多的社交货币，所以在标题和分享题图上做文章，甚至可以借助小程序生成一些精美的分享卡片做分享裂变。

（3）How to 型

How to 型公众号主要是为读者提供如何完成某件事情的帮助，内容通常都会有一定的消费门槛。而且，内容越垂直也就意味着越不可能获得大众的青睐。

对于 How to 型公众号来说,内容有用显然是第一要务,如何在内容深度和消费门槛上获得平衡是决定获得粉丝增长的关键。

这一类公众号的增长,可能更需要到微信外部环境进行粉丝引导。例如,可以到一些垂直社区投稿、发文,通过内容吸引关注;也可以尝试向一些相关领域、大粉丝量的公众号投稿。而且,通过转载和推荐是非常有效且快速获得粉丝的手段。

在对数据的利用上,和短视频、直播电商不同,公众号拥有"近似实验"的能力。微信公众号后台支持按地域下发,可以找到两个粉丝接近且城市等级、规模接近的地域尝试做对照实验。针对两个地域下发同一篇文章,可以大致验证不同的标题、图文布局、下发时段等对用户打开率、读完率、吸引关注等指标的影响。虽然这不是严格的随机对照实验,但如果结果的差异较大,还是能够作为优化的参考的。

除了内容及一些引导用户关注和转发的活动(主要是抽奖)以外,公众号还可以利用一些新的功能来服务用户增长。进入 2020 年,公众号的基础功能依然在进行迭代。例如,新增的专辑功能可以帮助作者更体系化地整理文章,也方便读者有针对性地选择阅读。这对于已经发布了数百篇文章的公众号而言是很大的福音,能以专辑的形式重新为文章分类,更好地满足不同类粉丝的阅读需要。此外,付费阅读功能也已经结束灰度测试,可以为作者提供一种新的变现手段。

以上是通过用户增长的全局视野对自媒体领域的用户增长进行的初步盘点,但实践才能出真知,目前的内容也仅仅是一些观察所得,笔者期待今后可以继续迭代。

8.3 用户增长问答

本节围绕近两年来笔者收集到的、用户增长领域的代表性问题进行回答,旨

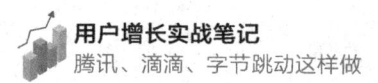

在与读者交流用户增长工作中总结的一些心得和疑惑。读者的问题在一定程度上反映了用户增长的现状，尤其体现了方法论与有效增长之间存在的"鸿沟"。

为了便于交流，读者可以关注微信公众号"用户增长实战笔记"，直接将问题或建议提交给笔者。图书迭代很慢，但是公众号中会定期将读者抛出的问题和笔者认为不错的答案发布出来，欢迎讨论和交流。篇幅所限，本节仅分几类列出一些代表性问题。

8.3.1 工作内容

Q：用户增长究竟在做什么？

A：这个是笔者在知乎上回答过的问题，很具有代表性。很多产品经理和产品运营会非常疑惑，加上前缀"用户增长"之后，工作内容会有什么变化？关于工作的内容和职能，以及团队的分工，本书的 7.1.3 节做了详细的介绍，并且 7.5.1 节给出了头部互联网企业对三大类用户增长岗位的工作描述。此处不再重复，笔者在此想跳出具体工作内容的介绍，补充一些对用户增长工作的理解。

（1）无论是在用户增长的哪个岗位上，我们都要具备用全局视角来看用户增长的意识。全局视角在 1.3 节有详细的介绍，第 2 章也详细介绍了如何从方法论走向具体执行。

（2）用户增长不只是黑客。从字面理解增长黑客，很多人可能会以为他们的工作充满黑科技，或者旨在通过各种技巧打造病毒式传播。近一两年来也确实有不少对增长黑客的曲解，如果过于推崇免费、大量、快速获得用户，期待有一个简单上手的营销工具能快速搭建社交裂变引擎，就是把用户增长想简单了。用户增长还是要依赖于产品思维，尊重用户需求和市场规律，用好数据，用好技术，本质上需要完善一个商业模式，而不仅是完成一个指标。

（3）用户增长远不止增长模型。这里的模型是指基于大量分析和事件总结提炼出来的、更高维度的、通用的、可以复制的一些思考方法。如今不乏很多经典的增长模型，但模型不是万能的。但凡做过用户增长的从业者，都知道只拿着这些模型远远不能指导自己切入用户增长的工作。不考虑行业背景、产品发展阶段地生搬硬套这些模型，反而会得到啼笑皆非的结果。

（4）用户增长需要关注增量，以及如何准确地评估增量。对于处在一线的用户增长从业者，实验方法及合理应用会显得非常关键。而且，我们要不断地向上影响决策者，用更合理的手段评估策略效果，打造实验文化。实验的基础原理不难，真正的障碍是实验的意识和分析的意愿。而实验也仅仅是一种科学方法，它能提升量化效果的精度、准度，但用户增长更重要的还是找对方向，切到重点。切不可拿着一些相对生僻的统计学知识，当成用户增长的仙丹灵药到处卖弄。

（5）笔者所理解的用户增长只是一种工作方法，是我们对以往多年商业社会及最近 20 年互联网领域发展的一次阶段小结：需要看数据，需要更精准。用户增长不那么玄乎，它是一种全局视角 + 实验方法的落地，它依然遵循互联网思维中最重要的一点——以用户价值为基础。

总而言之，方法论是拿来用的，而不应该是卖弄的。再花哨的用户增长实践都离不开以用户价值为基础，从宏观机会中创造或优化商业模式（道层面），通过数据驱动打磨产品及营销手段（器、术层面）。勿忘初心！

Q：用户增长产品经理和传统产品经理如何协作共存？

A：这个问题来自多位读者，大家认为所在团队里用户增长产品经理的存在感不强，几乎无法影响增长决策，更多是在传统的功能排期的夹缝中塞进一些很不起眼的细节优化。这个问题确实很普遍，主要问题是团队没有做好转型。解决的办法就是整个大的产品团队明确好需求评审的标准，对每一项产品需求都要预估对增长目标的贡献。在这个评价体系中，不管是传统的功能策划产品经理，还是更聚焦增长指标的用户增长产品经理，可以直接对比需求的优先级。在这个体系下，用增长效果来说话，自然就没有必要纠结共存的问题。而且，在目标一致

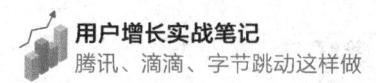

的情况下,还有更多协作的可能。例如,负责功能策划的产品经理主要关注用户路径的设计和转化率的提升,用户增长产品经理更多关注最终增长指标的提升。7.1.2 节详细介绍了如何通过设计工作链条,更好地完成工作协同。

Q:用户增长产品经理的天花板在哪里,如何快速提升自己?

A:这个问题来自读者王佳敏,代表了潜在从事或转型做用户增长的人们的共同心声。他们可能会有一些疑惑,用户增长到底是一个"泡沫",还是会像产品经理一样成为一个独立工种。用户增长并非昙花一现,从 2008 年 Facebook 成立专门的增长团队开始,直到最近很多国内一线互联网企业的核心部门(包括绝对崇尚产品思维的微信)都已经成立了用户增长团队,说明这个岗位正在被普遍接受,大家认为需要具备专业技能的专人负责和执行用户增长工作。从这个角度看,用户增长的天花板可以提升到一个长期稳定的独立岗位。很多企业的用户增长团队是直接向 CEO 和 VP 汇报的,笔者认为它的天花板和成长空间都很值得期待。

快速提升自己,笔者认为可以落脚在如何提升对用户的理解和对业务的理解上。任何产品的用户增长都离不开用户价值提升这个前提,而用户增长最终能否带来商业上的成功,则依赖于对业务现状和发展前景的深入洞察。从短期来看,理解好用户和业务,能够更快地发现真正的增长机会,获得成绩,为后续的成长打下坚实基础。

Q:所在团队中策略闭环很难实现,怎么办?

A:通常大企业的部门多、业务分散,存在很多权责不清的情况。所以,增长策略从产生到实验,再到驱动决策这个过程很难顺利完成。这是很多涉及跨部门做用户增长的读者的共同困扰。

解决的办法无外乎目标清晰、协同,建立一套通用的评估机制。概括地说,就是尽力让大家都用数据说话，形成一套通用的决策语言。本书也涉及这几个方面的内容：关于目标制定，读者可以参考很多讨论北极星指标的数据；关于目标拆解，读者可以参考 2.2 节的内容；目标协同是非常复杂的问题，7.1 节和 7.2 节介绍了增长团队内部的团队搭建、工作链条和人员分工，也介绍了团队之间的协同和融合；关于评估机制，读者可以参考 3.3.1 节实验文化的打造；关于用数据说话，读者可以阅读第 3 章和第 4 章。

Q：我在团队只负责拉新 / 只负责裂变，是在做用户增长吗？

A：当然是的。这一类咨询有很多，大多数读者所在企业还没有独立的增长团队，也没有系统地规划用户增长的全局工作，所以会对整体的职业定位和规划有些疑惑。拉新是很多产品非常重视的环节，也最容易看到效果，因为新增指标是最好度量的。裂变则是近两年来互联网圈内最火爆的词之一，它是用户增长的一个重要方法，能快速且低成本地获得新增用户。专注于拉新或裂变，有非常多的事情可以深挖，算是用户增长中很重要的一环，但也仅能代表用户增长的一部分工作。笔者相信这也是困惑的来源，因而建议负责局部环节的从业人员在工作中不要局限于技巧层面的思考，也需要跳出来思考所在产品岗位之所以获得用户的深层原因，再进一步思考整个行业的完整链路和全局机会。与这部分工作相关的内容，读者可以参考 1.3 节和 1.4 节。

8.3.2 策略产生

Q：目标有很多拆解方式，应该选择哪些人群做实验？

A：第一原则是找到能获得指标增量的人群，然后根据预期收益 / 成本的比率来排优先级。这里并不需要严格地计算出 ROI 的数值，而是定性地判断哪些策略成本低且产出会高。先将容易获得的增量拿到手，也就是先设法尽快地摘取低垂的果实。如何确定目标人群，是如何找到增长切入点的一个子问题。关于增长切入点，除了人群以外，还有指标及策略选择等。关于如何找到切入点，可以参考 2.2 节。

Q：通过相关性找到策略切入点，有什么注意事项？

A：相关分析是一种找到策略切入点的好方法，但是线性相关更多的是提出假设，最终还需要实验来验证因果性。相关分析有一些需要重点关注的点：（1）散点分布对相关性影响巨大；（2）求得相关系数后需要进行相关检验；（3）散点数量很容易影响结论，散点太少，相关系数会被放大。限于篇幅，这些问题不在本书详细展开，有兴趣的读者可以参考《行为科学统计精要》中的相关内容。

Q：人群和策略的组合有很多，难道要穷尽实验吗？

A：不需要穷尽实验，知道哪些是没有必要的非常重要。首先可以基于以往的运营经验、行业经验，先排除已经被验证大概率无效的策略；其次，在可能有效的策略中进行成本和预期效果两个维度的排布，原则上优先选择预期效果好且成本较低的选项。

8.3.3 效果评估

Q：策略效果显著和效果明显是一回事吗？

A：不是。显著是统计学上假设检验得到的结果，能说明策略处理后实验组观测到的用户指标均值和空白组的差异是显著的。影响假设检验（通常用 t 检验）的因素有很多，其中样本量就是一个主要因素。只要样本量足够大，一点点很小的差异也会被认为是显著的。业务效果明显，通常可以用 Effect Size 来计算，其能代表对业务的影响大小。详细的内容可阅读 4.1.3 节。

Q：增长实验中常提到第 I 类、第 II 类错误和实验有什么关系？

A：概念过多，让人经常会摸不着头脑。简单地说，用户增长实验中，假设检验就是用来检验策略是否有效。笔者建议从策略视角去看：第 I 类错误，误以为策略有效，影响会很大，因为可能会投入大量资源推进一个无效策略；第 II 类错误，误以为策略无效，影响相对小，可能会埋没掉一个潜在的好机会。

Q：空跑期是必须要进行的吗？是否可以用 AA 实验代替？

A：空跑期主要是为了验证随机分组是否可靠。对于一个新的实验场景，例如，某个功能模块第一次进行，如果有条件，建议进行空跑期。然而，空跑期并不是必要的，笔者在书中介绍过，有一些实验场景是无法进行空跑期的。例如，拉新实验没有空跑期；新增留存提升的实验一般需要在用户新增的第一时间进行策略下发，也没有设置空跑期的机会。但是，任何实验都可以进行 AA 实验，即为某个策略设计两个一样的分组和策略，一次验证随机性。通常为了节约时间，会设计 AABB 这样同时验证两个策略组的稳定性。

Q：如何看待用户补贴的短期效果和长期利弊？

A：这个问题来自读者英杰。用户补贴作为最通用的增长策略之一，往往会被问到：一旦将补贴停止，这个策略还会有效吗？其实，很多策略都需要关注短期和长期效果。最好的方法就是随机对照实验。简而言之，将目标用户群随机取一部分去下发补贴，另一部分不下发补贴。看短期效果时，关注从策略下发开始的一段时间，通常关注一个完整的用户活跃周期。长期效果的观察依然可以用实验的方法，将观察的时间拉长至一个月甚至半年。这个过程中会存在很多变数，可能会导致实验组和对照组不可比。这里涉及的原因可能有很多，需要具体分析。

这个问题可以引申一下，如何评估增长策略的长期影响。实验设计者可以在实验平台设计时保留一部分长期对照的流量，例如，留 5% 的用户不进行任何策略触达。为了保证这 5% 的用户和其他人群可比，这个 5% 并不是一个固定的人群，而是基于用户 ID 进行随机划分，确保自然的新增、流失都会在这部分人群中发生。

Q：不能做 AB 实验，怎么评估效果？

A：现实环境中，我们确实有很多时候没办法或不愿意做随机对照实验。本书已经介绍了几种在无法实验时可以用于定性或半定量进行效果评估的方法，读者可以阅读 3.4 节。

8.3.4 求职应聘

Q：用户增长最看重什么素质？

A：对于这个问题，很多读者会很好奇。当然，每个人心中应该都有自己的答案。笔者认为数据是基本，但最关键是对业务和用户的理解。对业务和用户的透彻理解是发现增长机会的关键，也是能够保持可持续、良性增长的关键。

Q：如何准备简历和面试问题？

A：用户增长岗位需要快速定位问题，找到解决方案。所以，简历和面试过程中需要集中呈现解决问题的能力。求职者在面试过程中需要简洁地描述解决问题的过程，体现可复制性。笔者重点推荐 STAR 原则，将背景（Situation）、任务（Task）、行动（Action）和结果（Result）4 个元素描述清楚，再根据面试官重点关注的要点做详细介绍。更多关于面试准备的内容，读者可以参考 7.5 节。

Q：如何提升面试/招聘的成功率？

A：求职者面试成功，首先是具备能力。7.4 节列举了三种必备思维和三项必备能力。假设当求职者具备基本的能力时，还需要准备一些目标岗位所处赛道